www.lenos.ch

Karel Čapek

Seltsames England

Aus dem Tschechischen
von Vincy Schwarz und Rolf Fieguth

Bearbeitet von Christoph Blum

Mit 76 Zeichnungen des Autors

Lenos Verlag

Die Übersetzer
Vincy (Vinzenz) Schwarz, geb. 1902 in Šternberk (Mähren). Publizist, Übersetzer und Widerstandskämpfer. Gab 1934–1941 eine Reihe von Anthologien heraus. Ab 1937 Inhaber einer literarischen Agentur. Wurde 1942 zusammen mit seiner Frau von den deutschen Besatzern erschossen.

Für das Kapitel »Die grösste Mustermesse oder British Empire Exhibition«:
Rolf Fieguth, geb. 1941 in Berlin. Studium der Slavistik und der osteuropäischen Geschichte in Berlin und München. 1983–2007 Professor für slavische Sprachen und Literaturen an der Universität Freiburg i. Ü. Wissenschaftliche und literarische Übersetzungen. Lebt in Freiburg i. Ü. www.fieguth.ch.

Der Bearbeiter
Christoph Blum, geb. 1974 in Berlin. Studium der Geschichte, der Galloromanistik und der Griechischen Philologie in Halle (Saale). Lektor. Lebt in Basel.

Titel der tschechischen Originalausgabe:
Anglické listy
erschienen 1924 in der Edice Aventinum, Prag

LP 221
Zweite Auflage 2021

Satz und Gestaltung: Lenos Verlag, Basel
Printed in Germany
ISBN 978 3 85787 821 3

Inhalt

IN ENGLAND

Erste Eindrücke

»Man muss am Anfang anfangen«, riet mir einmal Meister Chauliac*; aber weil ich schon zehn Tage auf dieser babylonischen Insel bin, ist mir der Anfang verlorengegangen. Womit soll ich jetzt anfangen? Mit dem gerösteten Speck oder der Ausstellung in Wembley? Mit Herrn Shaw oder den Londoner Schutzleuten? Ich sehe schon, ich fange sehr verworren an; aber was diese Schutzleute anbetrifft, so muss ich sagen, dass sie nach Schönheit und Grösse rekrutiert werden; sie sind wie Götter, einen Kopf grösser als sterbliche Menschen, und ihre Macht ist unbeschränkt; wenn so ein zwei Meter langer Bob am Piccadilly die Hand hebt, bleiben alle Fahrzeuge stehen, Saturn stockt, und Uranus hält inne auf seiner Himmelsbahn und wartet, bis Bob die Hand wieder sinken lässt. Nie sah ich etwas so Übermenschliches.

Die grösste Überraschung für den Reisenden ist es, wenn er in einem fremden Land das findet, wovon er schon hundertmal gelesen oder was er hundertmal auf Bildern gesehen hat. Ich war verblüfft, als ich in Mailand den Mailänder Dom fand oder das Kolosseum in Rom. Das ist ein recht gespenstischer Eindruck, denn man hat das Gefühl, man wäre schon einmal hiergewesen oder man hätte es schon einmal erlebt, vielleicht im Traum oder sonstwann. Du bist verwundert, dass es in Holland wirklich Windmühlen und Kanäle gibt und am

* Anmerkungen zu ausgewählten Namen und Textstellen ab Seite 169.

Londoner Strand wirklich so viele Menschen sind, dass dir davon schlecht wird. Es gibt zwei ganz phantastische Eindrücke: etwas Unerwartetes finden und etwas sehr Bekanntes finden. Der Mensch wundert sich immer laut, wenn er unversehens einem alten Bekannten begegnet. Nun, ebenso habe ich mich gewundert, als ich an der Themse das Parlament fand, auf den Strassen Gentlemen mit grauen Zylindern, auf den Kreuzungen zwei Meter grosse Bobbys und so weiter. Es war eine überraschende Entdeckung, dass England wirklich englisch ist.

Aber um dennoch am Anfang anzufangen, habe ich Ihnen ein Bildchen gezeichnet, wie England aussieht, wenn Sie sich ihm vom Kanal her nähern. Das Weisse sind einfach Felsen, und oben wächst Gras; das ist zwar recht solide gebaut, sozusagen auf Fels, aber unter den Füssen einen Kontinent zu haben, Leute, das ist denn doch ein sichreres Gefühl.

Weiter habe ich Ihnen Folkestone gezeichnet, wo ich landete. Bei Sonnenuntergang sah es aus wie eine Burg mit Zinnen; später erwies sich, dass das bloss Schornsteine waren.

Als ich an Land stieg, stellte ich zu meinem Erstaunen fest, dass ich kein Wort Englisch konnte und verstand. Ich verbarg mich also im erstbesten Zug; zum Glück zeigte es sich, dass er nach London fuhr. Unterwegs bemerkte ich, dass das, was ich für England gehalten hatte, eigentlich nur ein grosser englischer Park ist; lauter Wiesen und Auen, wunderschöne Bäume, hundertjährige Alleen und da und dort Schafe, so wie im Hyde Park, offenbar der Steigerung des Eindrucks wegen. Noch in Holland hatte ich Menschen gesehen, die ihre Hintern gen Himmel hoben und mit den Händen in der Erde arbeiteten. Hier und da gibt es rote Villen; ein Mädchen winkt über eine Hecke, durch eine Allee fährt ein Radfahrer, sonst gibt es hier erstaunlich wenig Menschen; unsereins ist gewöhnt, dass auf jedem Fussbreit Boden jemand in der Erde wühlt. Schliesslich zwängt sich der Zug zwischen solch merkwürdigen Häuschen hindurch; da gibt es hundert völlig gleiche; dann wieder eine ganze Strasse von gleichen; und wieder; und wieder. Das macht den Eindruck einer fiebrigen Vervielfachung. Der Zug fliegt an einer ganzen Stadt vorbei, auf der ein furchtbarer Fluch liegt; denn jedes Häuschen hat neben der Tür aus irgendeiner verzweifelten Notwendigkeit zwei Säulen. Der nächste Block ist dazu verdammt, lauter eiserne Balkone zu tragen. Der folgende Block ist für alle Zeiten zu grauen Ziegeln verurteilt. Einer weiteren Strasse ist das düstere und unabwendbare Schicksal bestimmt, blaue Veranden zu haben. Dann ist da ein ganzes Viertel, dem es einer unbekannten Schuld wegen auferlegt ist, vor jeder Tür fünf Stufen zu haben. Es hätte mich ungemein erleichtert, wenn eines der Häuschen nur drei gehabt hätte; aber aus irgendeinem Grund ist das nicht möglich. Und die nächste Strasse ist ganz rot.

Dann stieg ich aus dem Zug, fiel einem guten tschechischen Schutzengel in die Arme, wurde nach rechts und nach links, nach oben und nach unten geführt; ich sage Ihnen, es war schrecklich. Man verfrachtete mich in einen weiteren Zug und lud mich in Surbiton wieder aus, heiterte mich auf, fütterte mich und legte mich ins Federbett; und es war finster wie bei uns, still wie bei uns, und die Träume, die ich hatte, waren mannigfaltig, etwas von einem Schiff, etwas von Prag und etwas Merkwürdiges, was ich schon vergessen habe.

Gott sei Dank, dass ich nicht fünfzig gleiche Träume hintereinander hatte! Der Himmel sei gelobt, dass wenigstens die Träume nicht en gros hergestellt werden wie die Londoner Strassen.

Der englische Park

Die Bäume sind vielleicht das Allerschönste in England. Freilich auch die Wiesen und die Schutzleute, aber vor allem die Bäume, die schön breitschultrigen, alten, ausladenden, freien, ehrwürdigen und übergrossen Bäume. Die Bäume in Hampton Court, im Richmond Park, in Windsor und ich weiss nicht, wo noch. Möglich, dass diese Bäume einen grossen Einfluss auf das Torytum in England haben. Ich glaube, sie erhalten die aristokratischen Triebe, den Historismus, den Konservatismus, den Zollschutz, Golf, das Haus der Lords und andere eigenartige und alte Dinge. Ich wäre wahrscheinlich ein leidenschaftlicher Labour-Anhänger, wenn ich in der Strasse der Eisernen Balkone oder in der Strasse der Grauen Ziegel wohnte; aber als ich unter einer Sommereiche im Hampton Park sass, fühlte ich in mir die bedenkliche Neigung, den Wert alter Dinge anzuerkennen, die höhere Mission alter Bäume, die harmonische Verzweigtheit der Tradition und eine gewisse Achtung vor allem, was genügend stark ist, die Zeiten zu überdauern.

Es scheint, dass es in England viele solcher uralten Bäume gibt; fast in allem, was man hier antrifft, in den Klubs, in der Literatur, in den Haushaltungen, spürt man das Holz und die Blätter hundertjähriger, ehrenwerter und schrecklich solider Bäume. Hier sieht man eigentlich nichts auffällig Neues; nur die Untergrundbahn ist neu, und darum vielleicht ist sie so hässlich. Aber die alten Bäume und die alten Dinge haben Kobolde in sich, exzentrische und drollige Geister; auch die Engländer haben Kobolde in sich. Sie sind ausserordentlich ernst, solid und ehrwürdig; auf einmal rasselt es irgendwie in ihnen, sie sagen etwas Groteskes, ein Krümchen Koboldhumor schiesst aus ihnen heraus, und schon sehen sie wieder ernst aus wie alte Lederstühle; sie sind wohl aus altem Holz.

Ich weiss nicht, weshalb, aber dieses nüchterne England kommt mir von allen Ländern, die ich gesehen habe, am märchenhaftesten und am romantischsten vor. Vielleicht ist es der alten Bäume wegen. Oder nein: das machen wohl die Rasen. Das kommt daher, dass man hier über die Wiesen geht statt über die Pfade. Wir anderen trauen uns nur, auf Wegen und Stegen zu gehen; das hat bestimmt einen gewaltigen Einfluss auf unser Seelenleben. Als ich den ersten Gentleman durch den Rasen im Hampton Park waten sah, dachte ich, es wäre ein Märchengeschöpf, obgleich er einen Zylinder trug; ich erwartete, dass er nach Kingston auf einem Hirsch reiten werde oder zu tanzen anfange oder dass der Gärtner ihn zu fassen kriege und ihn fürchterlich ausschimpfe. Nichts geschah, und endlich wagte auch ich es, geradewegs über die Wiese zu jener Sommereiche zu gehen, die am Anfang dieses Briefes auf einer schönen Aue steht. Nichts sonst geschah; aber nie hatte ich das Gefühl so unbeschränkter Freiheit wie in diesem Augenblick. Es ist sehr eigentümlich: Hier gilt der Mensch anscheinend nicht als schädliches Tier. Hier herrscht nicht die finstere

Meinung über ihn, dass unter seinen Hufen kein Gras wachse. Hier hat er das Recht, über eine Wiese zu gehen, als ob er ein Wassergeist wäre oder ein Grossgrundbesitzer. Ich glaube, dass dies einen bedeutenden Einfluss auf seinen Charakter und seine Weltanschauung hat. Es eröffnet die wunderbare Möglichkeit, anderswo zu gehen als über die Wege und dabei sich selbst nicht für einen Schädling, einen Strolch oder Anarchisten zu halten.

Über all dies dachte ich unter der Eiche im Hampton Park nach, aber schliesslich drücken auch alte Wurzeln. Ich schicke Ihnen wenigstens ein Bildchen, wie ein solcher englischer Park aussieht. Ich wollte auch einen Hirsch hineinzeichnen, aber ich gestehe, dass ich es aus dem Gedächtnis nicht kann.

Londoner Strassen

Was nun London selbst betrifft, so stinkt es im allgemeinen nach Benzin, verbranntem Gras und Talg, im Unterschied zu Paris, wo zu alldem noch der Geruch von Puder, Kaffee und Käse hinzukommt. In Prag stinkt jede Strasse anders, von dieser Seite geht nichts über Prag. Komplizierter ist es mit den Stimmen Londons: Innen drin, am Strand oder am Piccadilly, da ist es, Leute, wie in einer Spinnerei mit Tausenden Spindeln; das lärmt dort, dröhnt, saust, plätschert, rattert und rasselt von Tausenden vollgestopfter Motoren, Busse, Autos und Dampfmaschinen; und man sitzt auf dem Oberdeck eines Busses, der nicht weiterkann und ins Leere rattert, wird durchgeschüttelt von seinem Gerumpel und hüpft auf seinem Platz wie eine seltsame ausgestopfte Puppe. Dann gibt es Seitenstrassen, Gardens, Squares, Roads und Groves und Crescents bis zu der armseligen Strasse in Notting Hill, wo ich dieses schreibe: allerlei Strassen der Zwei Säulen, Strassen der Gleichen Gitter, Strassen der Sieben Stufen Vor Jedem Haus und so weiter; hier kündigen verzweifelte Variationen auf »i« den Milchverkäufer an, ein klagendes *»jejej«* heisst einfach gespaltenes Holz zum Feueranmachen, *»uó«* ist der Kriegsruf des Kohlenträgers, und das schreckliche Gebrüll eines delirösen Seemannes verkündet, dass ein Kerl fünf Kohlköpfe in einem Kinderwagen feilbietet. Und in der Nacht lieben sich hier die Katzen ebenso wild wie auf den Dächern von Palermo, trotz aller Gerüchte über den englischen Puritanismus. Nur die Menschen sind hier stiller als anderswo; sie sind einsilbig und trachten nur, bald wieder zu Hause zu sein. Und das ist das Merkwürdigste an den englischen Strassen: Hier sieht man weder ehrenwerte Damen sich an der Ecke erzählen, was bei Smiths oder Greens passiert ist, noch Liebespaare schlafwandlerisch Arm in Arm dahinwandern, noch auf den Schwellen ehrwürdige Bürger mit den Händen auf den Knien sitzen (nebenbei: hier habe ich noch keinen Tischler gesehen und keinen Schlosser, weder Werkstätten noch Gesellen oder Lehrlinge; hier gibt es nur Geschäfte, nichts als Geschäfte, nichts als Westminster Bank und Midland Bank Ltd.), keine auf der Strasse trinkenden Männer, keine Bänke auf dem Marktplatz, keine Gaffer, keine Müssiggänger, keine Dienstmädchen, keine Pensio-

näre, kurzum nichts, nichts, nichts; die Londoner Strasse ist nur so ein Trog, durch den das Leben fliesst, um bald daheim zu sein. Auf den Strassen lebt man nicht, schaut man nicht, redet man nicht, steht man nicht und sitzt man nicht; durch die Strassen eilt man nur hindurch. Hier ist die Strasse nicht das überaus interessante Lokal, wo man tausenderlei Sehenswertes trifft und wo tausend Abenteuer zu einem sprechen; ein Lokal, wo Menschen pfeifen oder sich raufen, lärmen, kokettieren, rasten, dichten oder philosophieren, beiseite treten und das Leben geniessen und Witze machen oder Politik und sich zusammenschliessen zu zweien, zu dreien, zu Familien, zu Massen oder zu Revolutionen. Bei uns, in Italien, in Frankreich ist die Strasse so etwas wie ein grosses Wirtshaus oder ein öffentlicher Park, ein Dorfplatz, Versammlungsort, Spielplatz und Theater, erweitertes Heim und Vorgarten; hier ist sie etwas, was niemandem gehört und keinen dem anderen näherbringt; hier begegnet man weder Menschen noch Dingen, hier geht man an ihnen nur vorbei.

Bei uns steckt man den Kopf zum Fenster hinaus und ist schon auf der Strasse. Aber das englische Heim ist von der Strasse nicht allein durch den Vorhang am Fenster getrennt, sondern auch noch durch ein Gärtchen und Gitter, Efeu, Rasen und eine Hecke, Türklopfer und Tradition von alters her. Das englische Heim muss sein eigenes Gärtchen haben, denn die Strasse ist ihm kein merkwürdiger und reizender Park; es muss im Garten seine eigene Schaukel oder seinen Spielplatz haben, denn die Strasse ist ihm kein Spielplatz und keine unterhaltsame Rutschbahn. Die Poesie des englischen Heims ist damit bezahlt, dass die englische Strasse ohne jede Poesie ist. Und hier werden niemals revolutionäre Massen durch die Strassen ziehen, denn die Strassen sind zu lang dafür. Und allzu fad.

Wenigstens sind noch die Busse da, die Schiffe der Wüste, Kamele, die einen auf ihren Rücken durch die Ziegelendlosigkeit von London tragen. Es ist mir ein Rätsel, dass sie sich nicht im Wege irren, obgleich sie sich, aufgrund der hiesigen Bewölkung, nicht nach Sonne und Sternen richten. Ich weiss bisher nicht, anhand welcher geheimnisvoller Zeichen der Fahrer Ladbroke Grove von der Great Western Road oder der Kensington Park Road unterscheidet. Ich weiss nicht, weshalb er es vorzieht, nach East Acton zu fahren statt nach Pimlico oder Hammersmith. Das alles ist nämlich so merkwürdig gleich, dass ich nicht begreife, warum er sich eigentlich auf East Acton spezialisiert hat. Vielleicht hat er dort ein Häuschen, eines von denen mit den zwei Säulen und mit sieben Stufen vor der Tür. Die Häuschen sehen ein wenig wie Familiengrüfte aus; ich habe versucht, sie zu zeichnen, aber ich mochte tun, was ich wollte, den genügend hoffnungslosen Ausdruck konnte ich nicht erzielen; ausserdem habe ich keine graue Farbe dabei, um sie auszumalen.

Damit ich es nicht vergesse: Selbstverständlich ging ich mir die Baker Street ansehen und kam furchtbar enttäuscht zurück. Es gibt dort keine Spur von Sherlock Holmes; es ist eine beispiellos ehrbare Geschäftsstrasse, die kein höheres Ziel hat, als in Regent's Park zu münden, was ihr nach langem Bemühen beinahe gelingt. Berühren wir noch kurz ihre Untergrundbahnstation, so haben wir alles erschöpft, auch unsere Geduld.

Traffic

Aber mein Leben lang söhne ich mich nicht mit dem aus, was man hier *traffic* nennt, nämlich mit dem Verkehr auf den Strassen. Ich denke mit Grauen an den Tag zurück, als man mich zum erstenmal nach London brachte. Zuerst fuhr man im Zug, danach lief man durch einige riesige verglaste Hallen, und dann steckte man mich in einen Gitterkäfig, der wie eine Rinderwaage aussah; das war ein Lift, und der fuhr einen hässlichen gepanzerten Brunnen hinunter, worauf ich wieder hochgezogen wurde, und hiernach floh man durch verschlungene unterirdische Gänge; es war wie ein furchtbarer Traum. Dann war da so ein Tunnel oder Kanal mit Gleisen, und ein brummender Zug kam angesaust; man warf mich hinein, und der Zug flog weiter, und es war dort eine schwere und schimmlige Schwüle, wahrscheinlich der Nähe der Hölle wegen; dann lud man mich wieder aus, und man rannte durch neue Katakomben bis zu den Rolltreppen, die wie eine Mühle lärmen und mit den Leuten in die Höhe rasen; ich sage Ihnen, es ist wie ein Fieber. Dann noch einige Gänge und Treppen, und trotz meines Widerstrebens führte man mich auf die Strasse hinaus, wo mir das Herz sank. Ohne Ende und Unterbrechung zieht sich ein vierfaches Band von Fahrzeugen dahin: Busse, schnaubende Mastodonten, die in Herden, mit Schwärmen von Menschlein auf dem Rücken, dahinstürzen; schnurrende Autos, Lasten, Dampfmaschinen, Radfahrer, Busse, Busse, ein fliegendes Rudel von Autos, laufende Menschen, Traktoren, Ambulanzen, Menschen, die wie Eichhörnchen auf die Dächer der Busse klettern, eine neue Herde von Motorelefanten, so, und jetzt steht das alles, eine brummende und klirrende Flut, und sie kann nicht weiter; und auch ich kann nicht weiter, an das Grauen denkend, das damals in mir die Vorstellung hervorrief, dass ich auf die andere Strassenseite wechseln müsse. Es gelang mit einem gewissen Erfolg, und seit der Zeit habe ich unzählige Male die Londoner Strassen überquert; aber mein Lebtag werde ich mich nicht mit ihnen versöhnen.

Damals kam ich aus London zerknirscht, verzweifelt, gebrochen an Leib und Seele zurück; zum erstenmal im Leben fühlte ich einen blinden und wütenden Widerwillen gegen die moderne Zivilisation. Es schien mir, dass etwas Barbarisches und Katastrophales in diesem furchtbaren Anhäufen von Menschen ist; es gibt angeblich sieben und eine halbe Million da, aber ich habe sie nicht gezählt. Ich weiss nur, dass der erste Anblick dieses grossen Haufens beinahe tragisch war; mir war ganz eng zumute und unendlich bange nach Prag, wie wenn sich ein kleines Kind im Walde verliert. Ja, ich gestehe Ihnen ohne weiteres, dass ich Angst hatte: Angst, dass ich mich verirre, dass mich ein Autobus überfährt, dass mir etwas zustösst, dass ich verloren bin, dass ein Menschenleben keinen Wert hat, dass der Mensch ein vergrössertes Bakterium ist, wie sie zu Millionen auf irgendeiner verschimmelten Kartoffel herumwimmeln, dass es vielleicht nur ein hässlicher Traum ist, dass die Menschheit durch irgendeine furchtbare Katastrophe zugrunde geht, dass der Mensch machtlos ist, dass ich ohne allen Grund zu weinen anfange und mich alle auslachen werden: alle sieben und eine halbe Million Menschen. Vielleicht begreife ich es später einmal, was mich beim ersten Anblick so entsetzte und mit unendlicher Bangigkeit erfüllte; aber gut, heute habe ich mich schon etwas arrangiert, ich gehe, laufe, weiche aus, fahre, klettere auf die Dächer der Fahrzeuge oder sause in Liften oder durch *tubes* wie jeder andere, aber nur um einen Preis: ich darf nicht daran denken! Sobald ich mir zum Bewusstsein bringen will, was ringsherum geschieht, habe ich wieder das quälende Gefühl von etwas Schlechtem, Gespenstischem und Katastrophalem, das ich mir nicht zu erklären weiss. Und dann wird mir, wissen Sie, unerträglich bange.

Und manchmal bleibt das alles für vielleicht eine halbe Stunde stehen: einfach deshalb, weil viel zuviel davon da ist. Irgendwo am Charing Cross entsteht ein Knoten, und bevor man ihn entwirren kann, reihen sich die Fahrzeuge von der Bank bis irgendwo hinter Brompton aneinander, und man kann inzwischen in seinem Vehikel überlegen, wie es in zwanzig Jahren aussehen wird. Weil sich eine solche Verstopfung anscheinend recht oft einstellt, denken viele Menschen darüber nach. Es ist bisher noch nicht entschieden, ob man über die Dächer oder unter der Erde gehen wird; nur so viel ist sicher, dass es auf der Erde nicht mehr geht, was eine bemerkenswerte Errungenschaft der modernen Zivilisa-

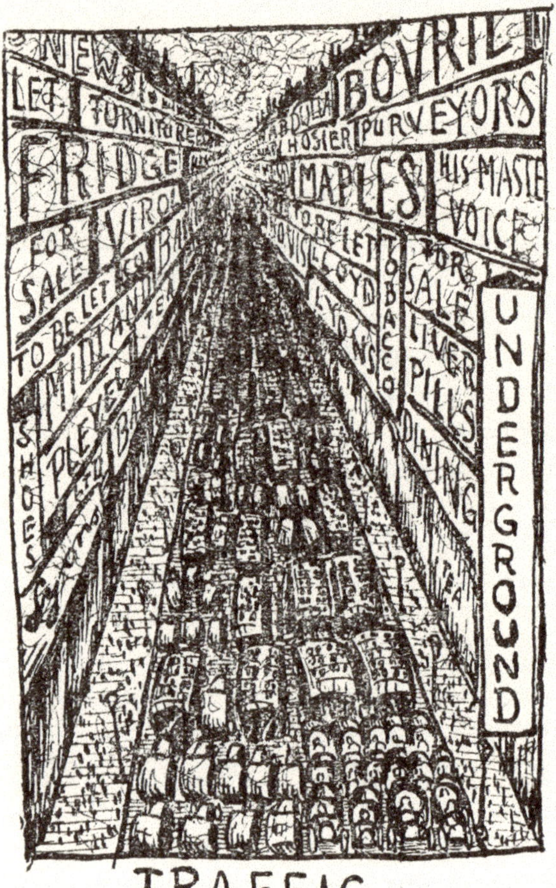

TRAFFIC

tion ist. Was mich anbelangt, so gebe ich der Erde den Vorzug wie der Riese Antaios. Ich habe Ihnen ein Bildchen gezeichnet, aber in Wirklichkeit sieht es noch ärger aus, denn das lärmt wie eine Fabrik; aber die Chauffeure hupen nicht wie verrückt, und die Menschen schimpfen keineswegs; es ist doch wirklich ein ruhiges Volk.

Inzwischen habe ich unter anderem herausgefunden, dass der wilde Schrei *»o-ej-ó«* auf der Strasse Kartoffeln bedeutet, *»oi«* ist Öl und *»u-ú«* eine Flasche mit etwas Rätselhaftem. Und mitunter stellt sich eine ganze Kapelle am Rand des Gehsteigs hin und spielt, bläst in die Trompete, trommelt und sammelt die Pennies ein; oder ein italienischer Tenor pflanzt sich vor den Fenstern auf und singt *Rigoletto,* den *Troubadour* oder ein flammendes Lied der Sehnsucht, ganz wie in Neapel. Dafür aber habe ich einen einzigen Menschen getroffen, der vor sich hinpfiff; das war auf der Cromwell Road, und es war ein Schwarzer.

Hyde Park

Und als mir am traurigsten zumute war im englischen Lande – es war ein englischer Sonntag, von unaussprechlicher Langeweile verpestet –, ging ich die Oxford Street entlang los; ich wollte einfach nach Osten, um dem Vaterland näher zu sein, aber ich irrte mich in der Richtung und wanderte geradewegs gen Westen, so dass ich an den Hyde Park geriet; es heisst dort Marble Arch, weil da ein Marmortor steht, das nirgendshin führt; ich weiss eigentlich nicht, weshalb es dort ist. Das tat mir einigermassen leid, darum ging ich, es mir anzusehen; und dabei erblickte ich etwas und lief hin, um zu schauen, was es war, weil Haufen von Menschen dort standen. Und als ich begriffen hatte, was los war, war mir sogleich froher zumute.

Das ist ein grosses Gelände, und wer will, kann sich einen Stuhl mitbringen oder ein Rednerpult oder auch gar nichts und kann anfangen zu sprechen. Nach einer Weile hören ihm fünf oder zwanzig oder dreihundert Menschen zu, antworten ihm, widersprechen, nicken mit den Köpfen und singen manchmal mit dem Redner fromme oder weltliche Hymnen. Manchmal zieht ein Opponent die Leute auf seine Seite und ergreift selbst das Wort; mitunter teilt sich die Menge durch einfache Spaltung oder Knospung wie die niedrigsten Organismen oder Zellkolonien. Einige Häufchen haben eine feste und beständige Konsistenz, andere zerfallen andauernd und fliessen ab, wachsen, quellen auf, vermehren sich oder zerstreuen sich. Die grösseren Kirchen haben eine Art fahrbarer Kanzeln, aber die meisten Redner stehen einfach auf der Erde, lutschen an einer nassen Zigarette und predigen über den Vegetarismus, über den lieben Gott, über die Erziehung, die Reparationen oder den Spiritismus. Noch nie hatte ich etwas Ähnliches gesehen.

Weil ich Sünder schon seit vielen Jahren bei keiner Predigt mehr war, ging ich zuhorchen. Ich schloss mich aus Bescheidenheit einem kleinen und stillen Häuflein an; dort redete ein buckliger junger Bursche mit schönen Augen, anscheinend ein polnischer Jude; nach längerer

Zeit begriff ich, dass sein Thema nur das Schulwesen war, also ging ich weiter zu einer grösseren Menge, wo auf einer kleinen Kanzel ein alter Herr mit Zylinder herumhüpfte. Ich stellte fest, dass er eine gewisse Hyde Park Mission vertrat; er fuchtelte mit den Händen so herum, dass ich fürchtete, er fliege über das Geländer. Der nächsten Schar predigte eine ältere Dame; ich bin keineswegs gegen die weibliche Emanzipation, aber der Stimme einer Frau, wissen Sie, kann man einfach nicht zuhören; die Frau ist denn doch von Natur aus durch ihr Organ für die Öffentlichkeit gehandicapt (ich meine das Stimmorgan). Wenn eine Dame eine Rede hält, habe ich immer das Gefühl, ich sei ein kleiner Junge und Mutter schelte mit mir. Warum diese kneiferbewaffnete englische Lady schalt, habe ich nicht recht verstanden; ich weiss nur, dass sie schrie, wir sollten in uns gehen. In der nächsten Schar predigte ein Katholik vor einem hohen Kruzifix; zum erstenmal sah ich, wie Ketzern der Glaube verkündet wurde; es war sehr schön und endete mit Gesang, wobei ich versuchte, die zweite Stimme zu singen; leider kannte ich die Melodie nicht. Einige Gruppen widmeten sich ausschliesslich dem Gesang; da stellt sich in der Mitte ein Männlein mit einem Taktstock auf, gibt das A an, und die ganze Schar singt, sogar recht anständig und polyphon; ich wollte nur schweigend zuhören, weil ich nicht aus diesem Pfarrsprengel bin, aber mein Nachbar, ein Gentleman mit Zylinder, forderte mich auf, ebenfalls zu singen, und so sang ich laut und lobte den Herrn ohne Worte und ohne Melodie. Da kommt ein verliebtes Pärchen daher, der Bursche nimmt die Zigarette aus dem Mund und singt, das Mädchen singt auch, es singen ein alter Lord und ein Junge mit einem Schläger unterm Arm, und das dürftig gekleidete Männchen inmitten des Kreises dirigiert graziös wie in der Grossen Oper; nichts hatte mir bis dahin so gut gefallen. Ich sang noch mit zwei anderen Kirchen und hörte einer Predigt über den Sozialismus zu und der Verkündigung einer gewissen Metropolitan Secular Society; eine Weile blieb ich bei kleinen Debattenhäuflein stehen; ein ungewöhnlich zerlumpter Gentleman vertrat konservative gesellschaftliche Grundsätze, sprach aber so fürchterliches Cockney, dass ich ihn überhaupt nicht verstand; sein Gegner war ein evolutionärer Sozialist, allem Anschein nach ein besserer Bankbeamter. Ein weiteres Häuflein war nur fünfköpfig; dort standen ein brauner Inder, ein Einäugiger mit einer flachen Mütze, ein dicker armenischer Jude und noch zwei schweigsame Männer mit Pfeifen; der Einäugige behauptete in einem schrecklichen Pessimismus, dass »etwas manchmal nichts ist«, während der Inder die viel erfreulichere Ansicht vertrat, dass »etwas immer etwas ist«, was er zwanzigmal in einem recht erbärmlichen Englisch wiederholte. Dann stand noch ein Grossvater dort, der ein langes Kreuz in der Hand hatte und eine Standarte daran mit der Aufschrift »Thy Lord calleth thee«; er erzählte etwas mit schwacher und heiserer Stimme, aber niemand hörte ihm zu. So blieb ich, der verlorene Ausländer, stehen und machte ihm den Zuhörer. Dann wollte ich meines Weges gehen, denn es war

schon Nacht; aber irgendein nervöser Mensch hielt mich an, und ich weiss nicht, was er mir sagte; ich antwortete ihm, dass ich hier fremd sei und London eine furchtbare Sache, dass ich aber die Engländer gern hätte; dass ich schon ein Stück Welt gesehen hätte, aber mir wenig so gefallen habe wie die Redner im Hyde Park. Bevor ich das alles sagen konnte, standen zehn Menschen um uns herum und hörten still zu; ich hätte die Gründung einer neuen Kirche versuchen können, aber mir fiel kein genügend unzweifelhafter Glaubensartikel ein, ausserdem kann ich nicht gut genug Englisch, und daher verzog ich mich.

Hinter den Gittern im Hyde Park weideten Schafe; und als ich ihnen zusah, stand eines, anscheinend das älteste, auf und fing zu blöken an; so horchte ich seiner Schafpredigt zu, und erst als es ausgeredet hatte, ging ich heim, zufrieden und geläutert wie nach dem Gottesdienst. Ich könnte hieran prächtige Betrachtungen über Demokratie, den englischen Charakter, das Bedürfnis nach Glauben und andere Dinge anknüpfen; aber lieber belasse ich dem ganzen Ereignis seine natürliche Schönheit.

Im Natural History Museum

»Waren Sie im British Museum?«

»Haben Sie die Wallace Collection gesehen?«

»Waren Sie schon in der Tate Gallery?«

»Haben Sie Madame Tussaud's gesehen?«

»Haben Sie das South Kensington Museum besichtigt?«

»Waren Sie in der National Gallery?«

Ja, ja, ja, überall war ich; aber jetzt gestatten Sie mir, mich zu setzen und von etwas anderem zu reden. Was wollte ich sagen? Ja, merkwürdig und gross ist die Natur; und ich, der unermüdliche Wanderer zu Bildern und Statuen, bekenne, dass mir die grösste Freude die Muscheln und Kristalle im Natural History Museum gemacht haben. Freilich sind auch die Mammute und die Urechsen sehr schön; ebenso die Fische, die Schmetterlinge, die Antilopen und anderes Feldgetier; aber am schönsten sind die Muscheln, denn sie sehen aus, als hätte sie ein göttlicher Geist, spielerisch und bezaubert durch die zahllosen Möglichkeiten, zum Vergnügen erschaffen. Da gibt es rosige, fleischige wie Mädchenmünder, purpurne, bernsteinfarbene, perlmutterschimmernde und schwarze, weisse und gefleckte, wie ein Amboss schwere und filigrane wie die Puderdose der Königin Mab, gedrehte, gefurchte, stachelige, runde, nierenförmige, augen-, lippen-, pfeil-, helm- und nichts auf der Welt ähnliche; durchscheinende, opalisierende, zarte, furchtbare und unbeschreibliche. Was wollte ich sagen? Ja, als ich dann durch die Schätze und Schatzkammern der Kunst lief, durch die Möbelsammlungen, Waffensammlungen, Kleider-, Teppich-, Schnitzerei-, Porzellansammlungen, durch die Sammlungen von getriebenen, gestochenen, gewebten, gekneteten, geschmiedeten, ausgelegten und gemalten, glasierten und bestickten und geflochtenen Dingen, da sah ich von neuem: Merkwürdig und gross ist die Natur. Das alles sind andere Muscheln, von einer anderen göttlichen und notwendigen Verspieltheit ausgeschwitzt; das alles gab eine weiche und nackte Schnecke, im schöpferischen Irrsinn zitternd, von sich. Du herrliches Ding, Netsuke aus Japan oder östliches Gewebe, wenn ich dich daheim hätte, was wärst du für mich! Ein menschliches Geheimnis, eine Kundgebung des Menschen, eine fremde und anmutige Sprache. Aber in dieser furchtbaren und unermesslichen Anhäufung gibt es keine einzelnen mehr, weder eine persönliche Handschrift noch Geschichte; da ist nur wahnsinnige Natur, tierische Schöpfung, phantastische Fülle an schönen und sonderbaren Muscheln, aus dem zeitlosen Ozean gefischt. So seid denn wie die Natur; erschafft, erschafft sonderbare oder schöne Dinge, gefurchte oder gewundene, bunte und durchscheinende; je reichlicher, merkwürdiger und reinlicher ihr erschaffen werdet, um so näher seid ihr der Natur oder vielleicht Gott. Gross ist die Natur.

Aber ich darf die Kristalle nicht vergessen, die Formen, Gesetze und Farben. Es gibt Kristalle, gross wie Tempelsäulen, zart wie Schimmel und scharf wie Nadeln; klare,

blaue, grüne wie nichts auf der Welt, von feurigen Farben oder schwarz; mathematische, vollkommene, den Konstruktionen absonderlicher und verrückter Gelehrter ähnlich; oder solche, die an Lebern erinnern, an Herzen, riesige Genitalien und tierischen Schleim. Da gibt es Kristallhöhlen oder gespenstische Seifenblasen aus Mineralteig; es gibt ein mineralisches Gären, Schmelzen, Wachsen, eine Architektur und Maschinenbaukunst; bei Gott, eine gotische Kirche ist nicht das Komplizierteste bei den Kristallen. Und die kristalline Stärke in uns besteht fort; so kristallisierte Ägypten in den Pyramiden und Obelisken, Griechenland in den Säulen, die Gotik in den Fialen und London in Würfeln schwarzen Schmutzes; zahllose Gesetze des Baues und der Komposition durchlaufen die Materie wie geheimnisvolle mathematische Blitze. Wir müssen genau sein, mathematisch und geometrisch, um der Natur gleich zu sein. Zahl und Phantasie, Gesetz und Überfluss sind fiebrige Kräfte der Natur; zur Natur werden heisst, keineswegs unterm grünen Baum zu sitzen, sondern Kristalle und Ideen zu schaffen; Gesetze und Formen zu schaffen; die Materie mit glühenden Blitzen göttlicher Rechenkunst zu durchdringen.

Ach, wie wenig exzentrisch, wie wenig kühn und genau ist die Poesie!

Der Wanderer geht durch andere Museen

Die Schätze der ganzen Welt häufte das reiche England in seinen Sammlungen an; selbst nicht allzu schöpferisch, schaffte es die Metopen von der Akropolis und ägyptische Kolosse aus Porphyr oder Granit herbei, assyrische Reliefblöcke, knotenförmige Plastiken aus dem alten Yucatán, lächelnde Buddhas, japanische Schnitzereien und Lacke, die Blüte der Kunst vom Kontinent und das Gewirre kolonialer Andenken: eiserne Schmiedearbeit, Gewebe, Glas, Vasen, Schnupftabakdöschen, Bucheinbände, Statuen, Bilder, Email, eingelegte Sekretäre, Sarazenensäbel und, Gott steh mir bei, ich weiss nicht, was noch; vielleicht alles, was auf der Welt von Wert ist.

Ich sollte jetzt gewiss sehr unterrichtet sein über die verschiedenen Stile und Kulturen; ich sollte etwas über die Entwicklungsetappen in der Kunst sagen; ich sollte mir im Kopf das ganze Material, das hier zur Bewunderung und Belehrung ausgestellt ist, klassifizieren und einteilen. Aber statt dessen habe ich mein Gewand zerrissen und frage: Wo ist die Vollkommenheit des Menschen? Es ist doch schrecklich, dass sie überall ist; es ist doch eine grauenhafte Entdeckung, die Vollkommenheit des Menschen selbst am Anfang des Seins zu finden; sie in der Gestaltung des ersten Steinpfeils zu finden; sie in der Zeichnung eines Buschmannes zu finden; sie in China zu finden, auf den Fidschiinseln und im alten Ninive und überall, wo der Mensch Erinnerungen an sein schöpferisches Leben hinterliess. Ich habe so viele Dinge gesehen, ich könnte wählen; gut, ich sage Ihnen also, dass ich nicht weiss, ob der Mensch vollkommener, höher und fesselnder ist, wenn er die erste Urne gestaltet oder eine berühmte Portlandvase

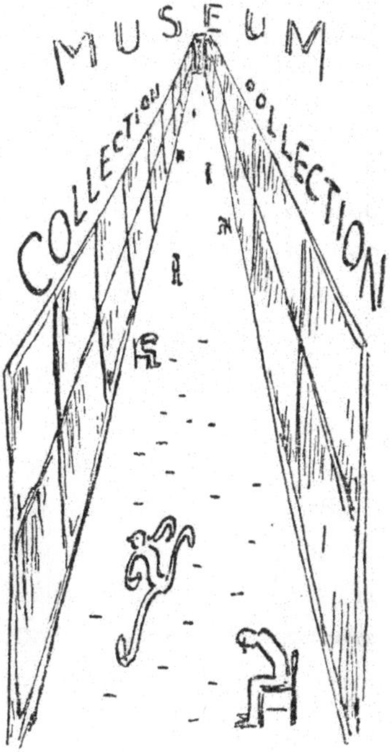

schmückt; ich weiss nicht, ob es vollkommener ist, ein Höhlenmensch zu sein oder ein Brite aus dem West End; ich weiss nicht, ist es eine höhere und göttlichere Kunst, ein Porträt der Königin Victoria auf Leinwand zu malen oder das Porträt eines Pinguins mit den Fingern in die Luft, wie es die Eingeborenen auf Feuerland tun. Ich sage Ihnen, es ist furchtbar; furchtbar ist die Relativität der Zeit und des Raumes, aber noch furchtbarer ist die Relativität der Kultur und der Geschichte; nirgends vor uns noch hinter uns gibt es einen Ruhepunkt, einen Punkt des Ideals, der Vollkommenheit und der Vollendung des Menschen; denn er ist überall und nirgends, und jede Stelle im Raum und in der Zeit, wohin der Mensch sein Werk stellte, ist unüberschreitbar. Und ich weiss schon gar nicht mehr, ob ein Porträt von Rembrandt vollendeter ist als eine Tanzmaske von der Goldküste; ich habe zuviel gesehen. Auch wir müssen dem Rembrandt oder der Maske von der Gold- oder der Elfenbeinküste gleichen; es gibt keinen Fortschritt, weder »oben« noch »unten«; es gibt nur eine unendliche neue Schöpfung. Das ist das einzige Beispiel, das Geschichte, Kulturen, Sammlungen und die Schätze der ganzen Welt geben: Schafft wie wild, schafft unaufhörlich; an dieser Stelle, in diesem Augenblick soll der Höhepunkt und die Vollkommenheit des Menschenwerkes geschaffen werden; man muss so hoch steigen wie vor fünfzigtausend Jahren oder wie in einer gotischen Madonna oder wie in jener stürmischen Gegend der Landschaft Constables. Gibt es zehntausend Traditionen, so gibt es überhaupt keine Tradition; nichts lässt sich auswählen aus dem Allüberfluss; nur etwas Nichtdagewesenes lässt sich hinzufügen.

Wenn Sie in den Londoner Sammlungen Schnitzereien aus Elfenbein suchen oder gestickte Tabaksbeutel, so finden Sie sie; suchen Sie die Vollkommenheit des menschlichen Werkes, so finden Sie sie im Indischen Museum und in der Babylonischen Galerie, in den Daumiers, Turners und Watteaus und in Elgins Marmor. Aber dann gehen Sie fort aus dieser Häufung aller Schätze der Welt und können Stunden und Meilen auf dem Oberdeck eines Busses fahren, von Ealing nach East Ham und von Clapham bis nach Bethnal Green; und Sie finden kaum etwas, wo sich Ihr Auge an der Schönheit und Üppigkeit menschlichen Werkes erfreuen könnte. Kunst ist, was hinter Glas in den Galerien, Museen und in den Zimmern reicher Leute aufbewahrt wird; aber sie läuft hier nicht durch die Strassen, zwinkert nicht aus schönen Fenstergesimsen, stellt sich nicht wie ein Denkmal an die Ecke, grüsst dich nicht mit vertrauter oder monumentaler Sprache. Ich weiss nicht: Vielleicht ist es doch der Protestantismus, der dieses Land künstlerisch ausgesaugt hat.

Der Wanderer sieht Tiere und berühmte Menschen

Ich würde mich schämen, wäre ich nicht im Zoo und in Kew Gardens gewesen; denn du sollst alles kennen. So habe ich Elefanten baden und Panther ihre weichen Bäuche an der Abendsonne wärmen gesehen, guckte in einen fürchterlichen Nilpferdrachen, ähnlich einer riesigen Rinderlunge, bestaunte die Giraffen, wie sie zart und reserviert wie alternde Fräulein lächeln, sah zu, wie ein Löwe schläft, wie Affen sich paaren und ein Orang-Utan sich einen Korb auf den Kopf setzt wie wir Menschen den Hut; ein indischer Pfau entfaltete für mich seinen Schweif und drehte sich, herausfordernd mit der Kralle scharrend, die Fische im Aquarium glänzten in Regenbogenfarben, und das Nashorn schien in einer Haut zu stecken, die für ein noch grösseres Vieh genäht war. Genug schon, mehr als genug schon habe ich davon aufgezählt; mehr will ich nicht sehen.

Aber weil ich unlängst keine Hirsche aus dem Gedächtnis zeichnen konnte, so lief ich in den Richmond

Park, wo ganze Rudel von ihnen sind. Sie nähern sich ohne Umstände den Menschen, wobei sie Vegetariern den Vorzug geben. Obgleich es eine ziemlich schwere Aufgabe ist, einen Hirsch zu treffen, so ist es mir doch geglückt, ein ganzes Rudel zu zeichnen. Hinter ihnen lag im Gras ein Liebespaar; dieses habe ich nicht in mein Bild aufgenommen, denn das, was sie machten, tun Liebesleute bei uns auch, nur nicht so öffentlich.

Schweiss überströmte mich in den tropischen Gewächshäusern in Kew zwischen Palmen, Lianen und allem, womit die närrische Natur wuchert; ich sah mir einen Soldaten an, der in einer mächtigen Schaffellmütze und rotem Rock vor dem Tower auf und ab läuft und bei jeder Wendung so merkwürdig stampft wie ein Hund, der mit den Hinterbeinen im Sand gräbt; ich weiss nicht, auf welches historische Ereignis sich dieser eigenartige Brauch bezieht.

Ich war bei Madame Tussaud's.

Madame Tussaud's ist ein Museum berühmter Menschen, nämlich ihrer Wachsfiguren. Dort sind die königliche Familie (auch König Alfons, etwas von Motten angegriffen), das Kabinett MacDonald, französische Präsidenten, Dickens und Kipling, Marschälle, Fräulein Lenglen, berühmte Mörder des letzten Jahrhunderts und Andenken an Napoleon, wie seine Socken, sein Gürtel und Hut, weiter stehen dort in einer Ecke Kaiser Wilhelm und Franz Joseph, der für sein Alter noch immer rüstig aussieht. Bei der besonders gelungenen Figur eines Herrn mit Zylinder blieb ich stehen und suchte im Katalog, wer das sei; auf einmal rührte sich der Herr mit Zylinder und ging fort; es war schauerlich. Kurz darauf suchten zwei Fräulein im Katalog, wen ich darstelle. Bei Madame Tussaud's bin ich zu einer etwas unangenehmen Erkenntnis gelangt: Entweder bin ich ganz untauglich dazu, in Menschengesichtern zu lesen, oder aber die Physiognomien täuschen. So zum Beispiel interessierte mich auf den ersten Blick ein sitzender Herr mit Ziegenbart, Nummer 12; im Katalog fand ich: »12. Thomas Neill Cream, hingerichtet 1892. Vergiftete Matilda Clover mit Strychnin. Wurde auch des Mordes an drei anderen Frauen beschuldigt.« Wahrhaftig, sein Gesicht ist sehr verdächtig. Nummer 13, Franz Müller, ermordete Herrn Briggs in einem Zug, hm. Nummer 20, ein glattrasierter Herr, sieht recht honett aus: Arthur Devereux, hingerichtet 1905, genannt »der Koffermörder«, weil er die Leichen seiner Opfer in Koffern verbarg. Fürchterlich. Nummer 21 – nein, dieser ehrenwerte Herr kann nicht »Frau Dyer, die Kindesmörderin von Reading«, sein. Ich merke, dass ich die Seiten im Katalog verwechselt habe, und bin genötigt, meine Eindrücke richtigzustellen: Der sitzende Herr Nummer 12 war nur Bernard Shaw, Nummer 13 ist Louis Blériot und Nummer 20 einfach Guglielmo Marconi.

Nie mehr wieder werde ich Menschen nach dem Gesicht beurteilen.

Klubs

Wie soll ich es nur bescheiden sagen? Nun ja, mir wurde die unverdiente Ehre zuteil, in einige der geschlossensten Londoner Klubs eingeführt zu werden, was nicht jedem Reisenden widerfährt; so versuche ich zu schildern, wie es dort aussieht. Den Namen des einen habe ich vergessen und weiss nicht einmal, in welcher Strasse er sich befand; aber man führte mich durch so einen mittelalterlichen Durchgang, darauf nach links und nach rechts und noch anderswohin bis zu einem Haus mit ganz blinden Fenstern und dann hinein, es sah wie ein Schuppen aus, und von hier ging es in den Keller, und dort war der Klub; da waren Boxer und Literaten und schöne Mädchen, Eichentische und ein Lehmfussboden, ein Raum wie ein Handteller, ein phantastisches und schreckliches Loch; ich dachte, dass man mich dort umbringen würde, aber man gab mir auf irdenen Tellern zu essen und war lieb und nett; dann führte mich der südafrikanische Champion im Laufen und Springen fort, und ich erinnere mich heute noch an das hübsche Mädchen, das dort von mir Tschechisch lernte.

Der zweite Klub ist berühmt, hundert Jahre alt und unermesslich ehrwürdig; in ihm pflegten Dickens und Herbert Spencer und viele andere zu sitzen, die mir der dortige Oberkellner, Majordomus oder Portier (oder wer es war) durchweg mit Namen nannte; vielleicht hatte er sie auch alle gelesen, denn er schien sehr edel und würdig zu sein, wie ein ehemaliger Archivar. Er führte mich durch den ganzen historischen Palast; zeigte mir die Bibliothek, das Lesezimmer, alte Stiche, geheizte Klosette, Badezimmer, irgendwelche historischen Lehnstühle, Säle, wo die Gentlemen rauchen, andere Säle, wo sie schreiben und rauchen, und wieder andere, wo sie rauchen und lesen; überall weht der Hauch des Ruhms und der alten Ledersessel. Ich behaupte, wenn wir solche alten Lederstühle hätten, dann hätten wir auch eine Tradition; stellen Sie sich vor, welche historische Kontinuität entstünde, wenn Fr. Götz sich in Zákrejs' Stuhl setzen könnte, Šrámek in Šmilovskýs und Professor Rádl in, angenommen, jenen des verstorbenen Hattala. Unsere Tradition ist nicht mit so alten und vor allem so komfortablen Lehnstühlen unterlegt; da sie nirgends eine Sitzgelegenheit hat, hängt sie in der Luft. Daran dachte ich,

als ich es mir in einem der historischen Lehnstühle bequem machte; mir war ein wenig geschichtlich zumute, sonst aber fühlte ich mich bequem, und ich beguckte die historischen Persönlichkeiten, die teils an den Wänden hingen, teils in den Klubsesseln sassen und den *Punch* oder *Who's Who* lasen. Niemand redete, was wirklich würdevoll wirkte; wir sollten auch bei uns solche Orte haben, wo geschwiegen wird. Ein alter Herr schlurfte an zwei Stöcken durch den Saal, und niemand sagte ihm boshaft, dass er fabelhaft aussehe; ein anderer wühlte in den Zeitungen (ich konnte sein Gesicht nicht sehen),

ohne dass er das leidenschaftliche Bedürfnis verspürte, mit jemandem über Politik zu sprechen. Ein Mensch vom Festland gibt sich dadurch Wichtigkeit, dass er redet; ein Engländer, indem er schweigt. Mir kam es so vor, als wären alle dort Mitglieder der Königlichen Akademie, berühmte Tote oder ehemalige Minister, denn keiner von ihnen sprach; niemand sah mich an, als ich kam, und niemand, als ich fortging. Ich wollte so sein wie sie, aber ich wusste nicht, wohin mit den Augen; wenn ich nicht rede, so schaue ich, und wenn ich nicht schaue, so denke ich an sonderbare oder drollige Dinge; und so passierte es mir, dass ich laut auflachte. Niemand sah sich nach mir um; es war vernichtend. Ich begriff, dass hier irgendeine Zeremonie stattfand, zu der das Pfeiferauchen gehört, das Blättern im *Who's Who* und besonders das Schweigen. Dieses Schweigen ist nicht das Schweigen eines Menschen in der Einsamkeit, auch nicht das Schweigen eines pythagoreischen Philosophen noch das Schweigen vor Gott, nicht das Schweigen des Todes, nicht stummes Grübeln; es ist ein besonderes Schweigen, gesellschaftlich und verfeinert, das Schweigen des Gentlemans unter Gentlemen.

Ich kam noch in andere Klubs; es gibt hier viele Hunderte der verschiedensten Art und Mission, aber die besseren sind durchweg am Piccadilly oder in seiner Nachbarschaft und haben alte lederne Lehnstühle, das Ritual des Schweigens, vollendete Kellner und Klausur Frauen gegenüber; wie Sie sehen, sind das grosse Vorzüge. Ausserdem sind sie im klassischen Stil gebaut, aus Stein, der schwarz vom Rauch und weiss vom Regen ist; innen gibt es eine gute Küche, gewaltige Säle, Stille, Tradition, warmes und kaltes Wasser, irgendwelche Porträts und Billardtische und viele andere denkwürdige Dinge. Es gibt auch politische Klubs und Frauenklubs und Nachtklubs, aber dort bin ich nicht gewesen.

An dieser Stelle wäre eine Betrachtung über gesellschaftliches Leben, männliches Mönchstum, gute Küche, alte Bilder, den englischen Charakter und einige andere damit zusammenhängende Fragen angebracht, aber als reisender Mensch muss ich mich weiterbegeben, neuen und aber neuen Erkenntnissen entgegen.

Die grösste Mustermesse oder British Empire Exhibition

I

Soll ich euch gleich am Anfang sagen, was auf der Ausstellung in Wembley am allermeisten vertreten ist? Ganz entschieden: Menschen; und Schulklassen. Ich bin gewiss ein Freund von Bevölkerung, von geschlechtlicher Fortpflanzung, von Kindern, Schulen und Anschauungsunterricht, aber ich gestehe, dass ich mir zeitweise ein Maschinengewehr herbeigewünscht hätte, um mir meinen Weg durch eine aufgescheuchte, drängelnde, rennende, stampfende Herde von Knaben mit runden Käppis auf den Schädeln zu bahnen, oder durch eine Kette von Mädchen, die sich an den Händen halten, um ja nicht verschüttzugehen. Allmählich gelang es mir dank unendlicher Geduld, bis zu einem Stand vorzudringen; dort wurden neuseeländische Äpfel feilgeboten, oder Reisbesen aus Australien, oder ein Billardtisch, hergestellt auf den Bermudas; es glückte mir schliesslich, eine Statue des Prinzen von Wales zu erblicken, die war aus kanadischer Butter gemacht, worauf ich mich bedauernd fragte, warum die meisten Londoner Denkmäler denn nicht auch aus Butter waren. Aber dann wurde ich gleich wieder vom Strom der Menschen fortgeschoben und konnte hingebungsvoll den Nacken des fetten Gentlemans oder das Ohr der alten Dame vor mir betrachten. Schliesslich gab ich mich zufrieden; wie viele

Menschen würden sich nicht drängeln, wenn in der Abteilung australischer Kühlanlagen rote Nacken fetter Gentlemen oder im Lehmpalast Nigerias Körbe mit den Trockenohren alter Damen ausgestellt wären.

In solcher Not gab ich die Idee auf, einen illustrierten Führer durch die Ausstellung in Wembley zu liefern. Wie sollte ich auch dieses kommerzielle Füllhorn schildern? Es gibt dort ausgestopfte Schafe, getrocknete Zwetschgen, Klubsessel, hergestellt auf den Fidschiinseln, Berge von Dammarharz oder Zinnbarren, Girlanden von Hammelkeulen, getrocknete Kopra, die aussieht wie enorme Hühneraugen, Pyramiden von Konservenbüchsen, Lampenschirme aus Kautschuk, altenglische Möbel aus südafrikanischen Fabriken, syrische Rosinen, Zukkerrohr, Spazierstöcke und Käse. Dazu neuseeländische Bürsten, Zuckerwerk aus Hongkong, allerlei malaiische Öle, australische Parfums, das Modell irgendwelcher Zinnbergwerke, Grammophone aus Jamaika sowie ein Buttergebirge aus Kanada. Wie ihr seht, ist das eine Reise um die Welt, oder vielmehr eine Wanderung durch einen zu gross geratenen Basar. Mein Lebtag bin ich auf keinem so gigantischen Jahrmarkt gewesen.

Schön ist der Palast des Maschinenbaus; und die schönsten Werke der britischen bildenden Kunst sind Lokomotiven, Schiffe, Kessel, Turbinen, Transformatoren, seltsame Maschinen mit zwei Hörnern vorne, Maschinen zum Drehen, Rütteln und Knallen, Ungetüme, die weit phantastischer und unendlich eleganter sind als die Urechsen im Natural History Museum; ich weiss nicht, wie sie heissen und wofür sie da sind, aber schön ist das alles, und manchmal ist eine blosse Schraubenmutter (hundert Pfund schwer) ein Gipfel der Formvollendung. Manche Maschinen sind rot wie Paprika, andere massiv und grau, manche aus Messing geglüht und andere schwarz und prächtig wie Grabmäler; man muss staunen, dass ein Zeitalter, welches zwei Säulen und sieben Stufen vor all und jedem Häuschen erfand, eine derart unerschöpfliche Seltsamkeit und Schönheit von Formen und Funktionen in Metall ersonnen hat. Und nun stellt euch das alles zusammengedrängt vor auf einer Fläche grösser als der Wenzelsplatz, grösser als die Uffizien und die Vatikanischen Sammlungen zusammengenommen, und meistenteils kreist, zischt, mahlt das mit geölten Schiebern, klappert mit stählernen Kinnladen, schwitzt Fett und glänzt in Messing; das ist der Mythos des Metallzeitalters. Die einzige Vollkommenheit, welche die moderne Zivilisation erreicht, ist mechanischer Art; die Maschinen sind prächtig und fehlerlos, aber das Leben, das ihnen dient oder von ihnen bedient wird, ist dadurch weder prächtig noch glänzend, weder vollkommener noch anmutiger; auch das Erzeugnis der Maschinen ist nicht vollkommen – nur SIE, die MASCHINEN, sind Göttern gleich. Damit ihr es wisst, einen wirklichen Götzen habe ich im Palast der Industrie gefunden. Einen rotierenden einbruchsicheren Panzerschrank in Form einer glänzenden Kugel, die sich lautlos dreht und dreht auf ihrem schwarzen Altar. Wunderbar und ein wenig gespenstisch.

Bring mich nach Hause, Fliegender Schotte, du einhundertfünfzigtonnige Prunklokomotive, trage mich übers Meer, du schimmerndes weisses Schiff, ich will sitzen zwischen dem Feldthymian auf rauhem Rain und die Augen schliessen, denn ich bin bäuerlichen Blutes und ein wenig verwirrt ob all des Gesehenen. Diese Vollkommenheit der Materie, aus der keine Vollkommenheit des Menschen entspringt, diese blitzenden Werkzeuge eines schweren, unerlösten Lebens verwirren mich. Wie nahm sich neben dir, Fliegender Schotte, der blinde Bettler aus, der mir heute Zündhölzer verkaufte? Blind und von Krätze zerfressen, wie er war, eine hässliche und schadhafte Maschine? Der war wahrhaftig nur Mensch.

II

Ausser Maschinen bietet die Ausstellung in Wembley zwei Sorten Schaustücke: Rohstoffe und Produkte. Die Rohstoffe sind gewöhnlich schöner und interessanter. Ein Ziegel von schierem Zinn hat etwas Vollkommeneres als eine gravierte und gehämmerte Zinnschüssel; rotes oder feurig graues Holz irgendwo aus Guayana oder Sarawak ist entschieden fesselnder als ein fertiges Billard, und der schleimig durchsichtige Rohgummi aus Ceylon oder Malaya ist eben weitaus schöner und geheimnisvoller als Gummitischtücher oder Gummibeafsteak; gar nicht erst beschreiben will ich euch alle möglichen afrikanischen Körner, Nüsse weiss Gott woher, Beeren, Samen, Kerne, Früchte, Fruchtsteine, Binsen, Ähren, Mohnköpfe, Knollen, Schoten, Mark und Fasern und Wurzeln und Blätter, getrocknete, mehlige, ölige und schuppige Substanzen in allen farblichen und haptischen Qualitäten, deren meist sehr schöne Namen ich vergessen habe und deren Verwendung mir einigermassen rätselhaft geblieben ist; ich denke, am Ende werden damit Maschinen geschmiert, Mehl imitiert oder die verdächtig anmutenden *tartes* in Lyons Grossfresshäusern gefettet. Aus diesen glühenden, geflammten, purpurroten, dunklen und metallisch klingenden Hölzern werden nun zwar altenglische Möbel, aber keinerlei Negergötzen, Tempel oder Throne für schwarze oder braune Könige gefertigt. Höchstens noch die Bastkörbe oder -säcke, in denen dieser ganze Reichtum an Handelsartikeln des Britischen Imperiums hierhergeschafft wurde, erzählen von den Neger- oder Malaienfingern, deren eigenartige, schöne technische Handschrift in ihnen Gestalt geworden ist. Alles Übrige ist europäisches Erzeugnis. Aber, um nicht zu lügen: nicht ganz alles Übrige. Es gibt ein paar anerkannt exotische Werkstücke, wie zum Beispiel grosse indische Buddha-Statuen, chinesische Fächer, Kaschmirschals oder Damaszenerklingen, an denen sich die Europäer ergötzen. Aber da werden dann im Gross-

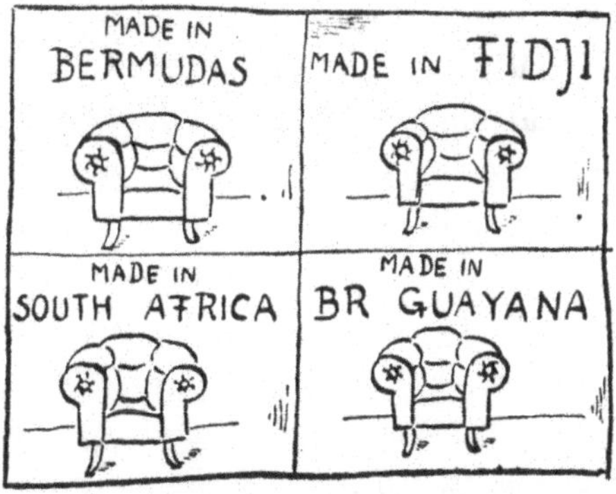

massstab sitzende Shakyamunis, Anilinlackstücke, chinesisches Exportporzellan, Elefanten aus Elfenbein und Tintenfässer aus Serpentin oder Speckstein, gravierte Schalen, perlmutterne Torheiten und andere garantiert echt exotische Gegenstände erzeugt. Volkskunst gibt es nicht mehr: Der Schwarze in Benin schnitzt Figuren aus Elefantenzähnen, als käme er von der Münchner Akademie, und wenn ihr ihm ein Stück Holz gebt, schnitzt er euch einen Klubsessel. Grosser Gott, er ist eben ersichtlich kein Wilder mehr, sondern jetzt – tja, was eigentlich? – ein Angestellter der zivilisierten Industrie.

Vierhundert Millionen Farbige gibt es im britischen Reich; doch auf der Ausstellung des britischen Reichs sind davon nur einige reklameträchtige Strohmänner, ein paar gelbe oder braune Krämer sowie etliche alte Relikte vorhanden, die gleichsam als Kuriosum und zum Spass hierhergekommen sind. Ich weiss nicht, ist das der schreckliche Niedergang der farbigen Rassen oder das schreckliche Schweigen der vierhundert Millionen, und ich weiss noch weniger, was von beidem bedrohlicher wäre. Die Ausstellung des Britischen Imperiums ist riesig und übervoll; hier ist alles da, der ausgestopfte Löwe und der ausgestorbene Emu; nur der Geist der vierhundert Millionen fehlt. Es ist eine Ausstellung des englischen Kommerzes. Ein Querschnitt durch die dünne Schicht europäischer Interessen, welche die ganze Welt überzogen hat und sich nicht allzusehr darum kümmert, was darunter ist. Die Ausstellung in Wembley zeigt, was vierhundert Millionen Menschen für Europa tun, und zum Teil auch, was Europa für sie tut; aber es ist nichts von dem da, was sie selbst für sich tun. Davon ist auch nicht viel im Britischen Museum; das grösste Kolonialreich besitzt kein wirkliches ethnographisches Museum …

Doch hebt euch hinweg von mir, hässliche Gedanken; lasst mich im Strom der Menschen fröhlich geschoben und gestossen werden von den neuseeländischen Äpfeln zu den Kokosnüssen aus Guinea, vom Zinn aus Singapur zu den Golderzen Südafrikas; lasst mich die fernen

Gestade und Zonen, die Gesteine und Früchte der Erde schauen, die Denkmale von Tieren und Menschen, all das, woraus schliesslich die knisternden Pfundnoten gedruckt werden. Hier ist alles zugegen, was sich zu Geld machen, kaufen und verkaufen lässt, von der Handvoll Körner zum Salonwagen, vom Stück Kohle zum Blaufuchspelz. O Seele mein, was wolltest du kaufen von diesen Schätzen der Welt? Nichts, eigentlich nichts; ich möchte klein sein im Kramladen des alten Prouza in Úpice, mir die Augen ausschauen nach schwarzem Lebkuchen, Pfeffer, Ingwer, Vanille, Lorbeerblatt, möchte denken, das seien alle Schätze der Welt, alle Wohlgerüche Arabiens, alles Gewürz ferner Länder, möchte staunen, niesen und dann heimrennen und einen Jules-Verne-Roman lesen von seltsamen, fernen und kostbaren Ländern.

Denn ich, dumme Seele, habe sie mir anders vorgestellt.

East End

Es beginnt unweit der Mitte der Welt, hinter der Englischen Bank, der Börse und dem Dschungel der übrigen Banken und Wechselstuben; diese Goldküste wird fast bespült von den schwarzen Wellen Ostlondons. »Gehen Sie nicht ohne Führer hin«, sagten mir die Eingeborenen aus dem West End, »und nehmen Sie nicht viel Geld mit.« Nun, das ist entschieden übertrieben; nach meinem Geschmack ist Piccadilly oder die Fleet Street eine ärgere Wildnis als die Hundeinsel oder das verrufene Limehouse, selbst mit der Chinesenstadt, oder als ganz Poplar

mit allem Drum und Dran, mit den Juden, den Seeleuten und mit dem elenden Rotherhithe auf der anderen Seite des Flusses. Nichts ist mir geschehen, nur recht traurig kam ich zurück, obgleich ich bei Razzien in Košíře und in den Hafengreueln von Marseille oder Palermo standgehalten hatte. Stimmt, es sind sehr hässliche Gassen aus dreckigen Ziegeln, mit einer Unmenge von Kindern auf dem Pflaster, mit absonderlichen chinesischen Typen, die wie Schatten noch absonderlicheren Geschäften nachgehen, mit betrunkenen Matrosen, Wohltätigkeitsasylen, blutigen Halbwüchsigen und einem Gestank nach Angebranntem und Lumpen; aber ich habe ärgere Orte gesehen, von Elend brüllend, schmutzig und entzündet wie ein Geschwür, unaussprechliche Gerüche und Höhlen, ärger als Wolfslöcher. Aber das ist es nicht, das ist es nicht. Schrecklich ist in Ostlondon nicht das, was man sehen und riechen kann, sondern dass davon so masslos und unerlösbar viel da ist. Anderswo sind Armut und Hässlichkeit nur wie ein Kehrichthaufen zwischen zwei Häusern, wie ein abscheulicher Winkel, wie eine Fistel oder unreiner Abfall; aber hier sind Meilen und Meilen schwarzer Häuschen, hoffnungsloser Gassen, jüdischer Läden, überzähliger Kinder, Schnapsbuden und christlicher Asyle. Meilen und Meilen, von Peckham bis Hackney, von Walworth bis Barking: Bermondsey, Rotherhithe, Poplar, Bromley, Stepney, Bow und Bethnal Green, Stadtviertel, bevölkert von Arbeitern, Juden, Cockneys und Lastträgern aus den Docks, armen und verlorenen Leuten – alles gleich nichtssagend, schwarz, kahl und endlos, von den unreinen Kanälen des lärmenden Verkehrs durchschnitten und immerwährend gleich trostlos. Und im Süden, im Nordwesten, im Nordosten wieder das gleiche, Meilen und Meilen schwarzer Häuschen, wo die ganze Strasse nur eine unendliche horizontale Mietskaserne ist, Fabriken, Gasometer, Gleise, lehmige Allmenden, Stofflager und Menschenlager, endlos und hoffnungslos. Es gibt gewiss scheusslichere Viertel und elendere Gassen in allen Teilen der Welt; selbst das Elend hat hier ein höheres Niveau, und auch der ärmste Bettler steckt noch nicht in Lumpen; aber, mein Gott, wie viele Menschen, wie viele Millionen Menschen leben in dieser grösseren Hälfte Londons, in diesen kurzen, gleichförmigen, freudlosen Gassen, von denen es auf dem Stadtplan von London wimmelt wie von Würmern in einem gewaltigen Aas!

Und das eben ist die Trauer des East End: Es ist allzuviel davon da; und es lässt sich nicht ändern. Selbst der Dämon Versucher würde es nicht wagen zu sagen: Wenn du willst, zerstöre ich diese Stadt und baue sie in drei Tagen wieder auf – neu und besser; nicht so schwarz, nicht so mechanisch, nicht so unmenschlich und öde. Wenn er das sagen würde, vielleicht würde ich mich vor ihm verneigen. Ich lief durch die Strassen, deren Namen an Jamaika, Kanton, Indien oder Peking erinnern; alle sind gleich, in allen Fenstern Vorhänge; es könnte beinahe anständig scheinen, gäbe es nicht fünfhunderttausend solcher Behausungen. In dieser erdrückenden Quantität sehen sie nicht mehr wie menschliche Wohnstätten aus, sondern wie eine geologische Formation; dieses schwarze Magma ist von Fabriken ausgespien; oder es ist das Sediment des Handels, der dort auf der Themse auf weissen Schiffen schwimmt; oder es hat sich aufgeschichtet aus Russ und Staub. Laufen Sie doch nach der Oxford Street oder Regent Street oder dem Strand schauen, welch schöne Häuser die Menschen für die Waren gebaut haben, für Produkte, für Dinge; denn die Erzeugnisse des Menschen haben ihren Wert. Ein Hemd würde an Wert verlieren, wenn es in solch grauen und leeren Wänden verkauft werden müsste; der Mensch aber kann hier leben, das heisst schlafen, ekelhafte Speisen essen und Kinder zeugen.

Möglich, dass jemand, der kundiger ist, Sie an eine malerischere Stelle zu führen wüsste, wo selbst der Schmutz romantisch und das Elend pittoresk ist; aber ich habe mich in den unzähligen Gässchen verirrt und kann den Weg hinaus nicht finden. Oder ist es überhaupt sicher, dass diese zahllosen schwarzen Gassen irgendwohin führen?

Country

Nun, setz dich in den Zug, und fahr in irgendeine Richtung los, in den Lärm der Räder vor dich hinsingend: »Irgendwo hinaus, irgendwo hinaus.« Und es defilieren die Strassen In Grosser Zahl, die Trommeln der Gasometer, die Kreuzungen der Gleise, die Fabriken, Friedhöfe; nun fallen grüne Streifen in die endlose Stadt, du siehst die letzten Haltestellen der Strassenbahn, stille Vorstädte, grünes Gras und die ersten Schäfchen, zur Erde geneigt bei der ewigen Naturzeremonie des Fressens. Und dann noch eine halbe Stunde, und du bist raus aus der grössten Stadt der Welt; du steigst an irgendeinem Statiönchen aus, wo dich gastfreundliche Menschen erwarten, und bist im englischen Country.

Wo nimmst du jetzt schöne Worte her, um den stillen und grünen Reiz der englischen Landschaft zu schildern? Ich war unten in Surrey und oben in Essex; ich lief über die Wege, die von Hecken gesäumt sind, von lauter lebenden Zäunen, die aus England das echte England machen, denn sie grenzen ab, aber sie engen nicht ein; halbgeöffnete Pforten führen dich in die hundertjährigen Alleen des Parks, der tiefer als ein Wald ist, und da ist ein rotes Häuschen mit hohen Schornsteinen, ein Kirchturm zwischen den Bäumen, eine Wiese mit Kuhherden, eine Herde von Pferden, die ihre schönen und ernsten Augen nach dir umwenden; ein Pfad, der aussieht, als wäre er gefegt, ein samtener Tümpel mit Seerosen und Schwertlilien, Parks, Schlösser, Wiesen und Wiesen, keine Felder, nichts, was von menschlicher Plage schreien würde; ein Paradies, wo Gott höchstselbst Asphalt- und Sandwege angelegt, alte Bäume gepflanzt und aus Efeu Decken auf die roten Häuschen geflochten hat. Mein Onkel, böhmischer Bauer, wie würdet Ihr unwillig den Kopf schütteln beim Anblick der roten und schwarzen Kuhherden auf den schönsten Wiesen der Welt, und Ihr würdet sagen: Wie schade um diesen schönen Dünger! Und Ihr würdet sagen: Warum baut man denn hier keine Rüben an, und da, Leute, da könnte Weizen stehen und hier Kartoffeln, und da würde ich statt dieses Gebüsches Kirschen und Weichseln pflanzen; und hier Luzerne und da Hafer, und hier auf der Fläche Korn oder Rüben; das ist doch eine Erde, Leute, aufs Brot könnte man sie streichen, und so was lässt man als Weide! – Ja, lieber Onkel, die Arbeit lohnt hier angeblich nicht; Ihr müsst wissen, dass der Weizen aus Australien kommt und der Zucker aus Indien und die Kartoffeln aus Afrika oder sonstwoher; Ihr müsst wissen, lieber Onkel, hier gibt es keine Bauern mehr; das hier ist nur so ein Garten. – Und weisst du,

Junge, würdet Ihr sagen, da gefällt es mir bei uns besser; da gibt es meinetwegen nur Rüben, aber man sieht da wenigstens Arbeit. Und da hütet ja niemand die Kühe und Schafe; ein Wunder, dass sie niemand stiehlt! Meiner Treu, Junge, da ist ja keine Menschenseele zu sehen; nur dort fährt einer mit dem Rad und da, sakra, schon wieder wer in so einem stinkigen Auto; Junge, Junge, ja arbeitet denn hier keiner was?

Schwerlich würde ich meinem Onkel das Wirtschaftssystem Englands erklären können; allzusehr würden ihm die Hände nach der schweren Pflugschar jucken. Die englische Landschaft ist nicht für die Arbeit da; nur für die Augen. Sie ist grün wie ein Park und unberührt wie das Paradies; so wanderte ich bei lauem Regen den grasbewachsenen Weg in Surrey entlang, zwischen Stöcken gelbblühenden Ginsters und rostroten Heidekrauts, das aus hellem Farn hervorblühte; und nichts war dort als der Himmel und runde Hügelchen, denn die Häuschen mit den Menschen sind hinter den Bäumen verborgen, von wo mit heiteren Wölkchen das vorbereitete Mittagsmahl dampft. Ich denke an dich zurück, gutes, altes Haus mit der Balkendecke und dem mächtigen Kamin, an dem ein ganz durchnässter Mensch sich bequem niederlassen kann; der Tisch ist aus Eiche, und das Guildforder Bier schmeckt gut aus irdenen Krügen, und gut ist die Rede heiterer Menschen bei englischem Speck und Käse. Noch einmal danke ich euch und muss wieder weiter.

Ich wanderte wie eine Fee über den Rasen in Essex, stieg über den Zaun in einen herrschaftlichen Park und

sah Seerosen und Gladstonien in schwarzen Tümpeln, tanzte auf dem Schüttboden einen Tanz, den ich nicht konnte, kletterte auf den Kirchturm und staunte täglich

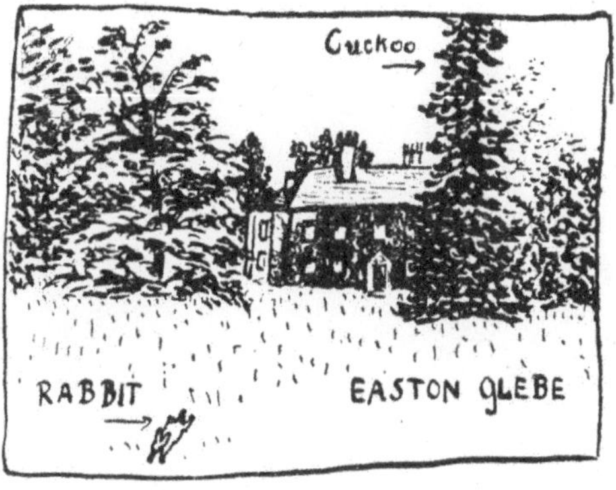

zwanzigmal über die Harmonie und Vollkommenheit des Lebens, das den Engländer in seiner Heimat umgibt. Die englische Heimat, das ist Tennis und warmes

Wasser, der Gong, der zum Mittagessen ruft, das sind Bücher, Wiesen, eine durch Jahrhunderte ausgewählte, festgelegte und gesegnete Bequemlichkeit, die Freiheit der Kinder und das Patriarchat der Eltern, Gastfreundschaft und ein wie ein Morgenrock bequemer Formalismus; kurz: englische Heimat ist englische Heimat, und deshalb habe ich sie zum Andenken gezeichnet, mit dem Kuckuck dabei und mit dem Kaninchen; drinnen aber lebt und schreibt einer der klügsten Menschen dieser Welt, und draussen ruft der Kuckuck dreissigmal hintereinander; damit beschliesse ich das Märchen von den besten Dingen Englands.

Cambridge und Oxford

Zuerst hat man den Eindruck einer Provinzstadt, und auf einmal, du lieber Gott, wem gehört dieses alte Schloss? Das ist das Studentencollege mit drei Höfen, einer eigenen Kapelle, dem Königssaal, wo die Studenten speisen, einem Park, Sportplätzen, und ich weiss nicht, womit noch. Und da ist ein zweites, noch grösseres, mit vier Hö-

fen, einem Park hinterm Fluss, einer eigenen Kathedrale, einem noch grösseren gotischen Speisesaal, fünfhundertjährigem Gebälk, einer Galerie alter Porträts, noch älteren Traditionen und noch berühmteren Namen. Das dritte dann ist das älteste, das vierte zeichnet sich durch Wissenschaften aus, das fünfte durch athletische Rekorde, das sechste durch die schönste Kapelle, das siebente ich weiss nicht wodurch, und weil es wenigstens fünfzehn gibt, habe ich sie alle verwechselt; ich sehe nur burgartige Paläste im Perpendikularstil, gewaltige Höfe, wo die Herren Schüler in schwarzen Talaren und mit viereckigen Baretten mit Quasten herumlaufen, Schüler, von denen jeder seine zwei oder drei Zimmer in diesen Schlossflügeln hat; ich sehe gotische Kapellen, vom Protestantismus ausgeweidet, Festsäle mit der Estrade für Masters und Fellows, ehrwürdige geräucherte Porträts von Earls, Staatsmännern und Poeten, die von hier hervorgingen, sehe die berühmten Backs, nämlich die Hinterteile der Colleges, am Flüsschen Cam, über das Brükken in die jahrhundertealten Parks ausgeworfen sind; ich rudere zwischen Backs und Parks und denke an unsere Studenten, an ihre mageren Bäuche und an ihre vom Laufen zu den Vorlesungen durchgewetzten Schuhe. Ich neige mich tief vor dir, Cambridge, denn mir wurde die Ehre zuteil, auf der Estrade zwischen gelehrten Masters in einem so gewaltigen und alten Saal zu speisen, dass mir war, als ob ich all dies nur träumte; ich grüsse dich mit beiden Händen, Cambridge, denn ich hatte das Vergnügen, zusammen mit Studenten, Masters und anderen jungen Leuten im *Halbmond* aus irdenen Schüsseln zu essen; und ich fühlte mich wohl unter ihnen.

Und ich habe Rasen gesehen, die nur von Masters betreten werden dürfen und keinesfalls von einem Undergraduate, und Treppen, auf denen nur ein Graduate mit

Kügelchen spielen darf und keinesfalls ein Student; ich sah Professoren im Kaninchenfell und in Mänteln, rot wie Langusten, sah, wie die Graduierten niederknieten und die Hand des Vizekanzlers küssten; von allen diesen Wundern habe ich nur einen ehrwürdigen Collegeprovost gezeichnet, der mir ein Gläschen Sherry eingoss, der mindestens ebenso alt war wie der alte Pitt.

Aus dem Gedächtnis habe ich dann einige Cambridge-Colleges gezeichnet, wie mir von ihnen einige Male geträumt hatte; in Wirklichkeit sind sie noch grösser und schöner.

Manchmal träume ich auch vom Cambridger Kaninchen. Man liess es dort irgendein Gas einatmen, um zu sehen, was seine Milz dazu sage; ich sah es sterben, es atmete hastig und glotzte. Nun schreckt es mich im Traum; sei Gott seiner langohrigen Seel gnädig.

Was soll ich jetzt über Oxford Schlechtes sagen? Ich kann nicht Oxford loben, wenn ich Cambridge lobe; und meine Freundschaft mit Cambridge verpflichtet mich, Schwefel und Feuer auf das hoffärtige Oxford regnen zu lassen. Leider Gottes hat es mir dort recht gefallen; die Colleges sind noch grösser und vielleicht noch älter, haben schöne, stille Parks, eine Galerie gleich berühmter Ahnen, Festsäle, Andenken und würdige Pedelle; aber all diese Parade und Tradition ist nicht für jedermann; es scheint, ihr Zweck ist es nicht, gelehrte Fachleute heranzuzüchten, sondern Herren. Stellen Sie sich vor, unsere Studenten würden zumindest im Wallensteinsaal speisen, auf schwerem, altem Silber, von livrierten Dienern bedient, zu den Prüfungen von Hausprofessoren in Hörsälen eingearbeitet, die mit allen Arten von Klubsesseln, Lehnstühlen und Liegen ausgestattet sind; stellen Sie sich vor – aber nein; Jungs, macht euch nichts draus.

Der Wanderer besucht Kathedralen

Kathedralenstädte sind kleine Städte mit grossen Kathedralen, in denen unendlich lange Gottesdienste abgehalten werden; und der Kirchendiener kommt und befiehlt dem Touristen, nicht die Decke und die Säulen anzusehen, sondern sich in die Bank zu setzen und zuzuhören, was dort im Chor gesungen wird. Diese Gewohnheit haben die Kirchendiener in Ely, Lincoln, York und Durham; ich weiss nicht, was sie anderswo tun, denn sonst war ich nirgends. Ich habe eine ungeheure Menge von Litaneien, Psalmen, Anthems und Liedern gehört und beobachtet, dass die englischen Kathedralen gewöhnlich hölzerne Dächer haben, weshalb das Stützpfeilersystem kontinentaler Gotik bei ihnen nicht entwickelt ist; dass die lotrechten Säulen in England das Aussehen eines komplizierten Röhrenstranges haben; dass die protestantischen Kirchendiener rauher sind als die katholischen und die gleiche Schwäche für Trinkgelder haben wie die italienischen Kirchendiener, nur dass sie – weil sie Gentlemen sind – grössere bekommen müssen; dass die Reformation ein sehr saumässiges Werk vollbracht hat, als sie den Statuen die Köpfe abschlug und aus den Kirchen die Bilder und anderes heidnisches Götzentum entfernte. Infolgedessen sind englische Kathedralen kahl und sonderbar, als ob niemand eingezogen wäre. Und noch ärger ist es, dass sich in der Mitte des Hauptschiffes ein abgeschlossener Chor für den Priester, die Ministranten und die Elite des Pfarrsprengels befindet; die übrigen Leute sitzen unten und sehen nicht mehr als die geschnitzten Wände des Chors und die Rückseite der Orgel; das Hauptschiff ist dadurch gründlich gestört, der ganze Raum in zwei Teile zerrissen; noch nie hatte ich etwas so Absurdes gesehen. Aber weil im Chor noch immerfort etwas gesungen wird, ist es notwendig, sich zu packen und hinauszugehen.

Ely, Ely, *lama asabtani!* Du hast mich verraten, Ely, du tote Stadt, die du zu Füssen einer romanischen Kathedrale liegst, als ich müde und durstig um fünf Uhr nachmittags an die Türen der Teestuben und Gasthäuser, der Schenken, Tabakläden und Papierhandlungen klopfte, ohne dass mir aufgetan wurde. Um fünf Uhr nachmittags schläft Ely; ich hatte leider keine Zeit, zu erforschen, was Ely um drei Uhr nachmittags macht oder um zehn Uhr früh; vielleicht schläft es überhaupt. So setzte ich mich zwischen die Kuhfladen im öffentlichen Park und besah mir die ehrwürdige Kathedrale, die hier zu Ehren Gottes steht. Die Dohlen, die um die Türme kreisen, sind vielleicht die Seelen von Kirchendienern, die zu Lebzeiten in der Kirche spukten.

Lincoln läuft einen Hügel hinan, hat ein Schlösschen und eine Kathedrale und etwas von den Römern her, ich habe schon vergessen, was; die Kathedrale ist düster und schön, und man singt dort Choräle für drei Kirchendiener, die mich feindselig bewachen. Was soll ich tun? Lebt wohl, ihr Kirchendiener, ich gehe mir York ansehen.

In York ist eine noch schönere Kathedrale; ich will sie besichtigen, aber der Kirchendiener sagt, ich möchte es lieber bleibenlassen, denn in einer Weile sei Gottesdienst. So ging ich auf die Wälle und zeichnete von dort aus das York Minster, obgleich in ihm Gottesdienst ab-

gehalten wurde; vielleicht komme ich dafür in die englische Hölle. Rundherum liegt das schöne Yorkshire, eine Landschaft schwerer Kühe und berühmter Schweine, der

Mittelpunkt alles englischen Schinkens und Specks; und die Gassen in York sind alt und hübsch, mit vorgestreckten Giebeln und schwarzen Balken. Vieles könnte ich über die Geschichte von York sagen, aber ich muss nach Durham gehen.

Die Kathedrale in Durham ist uralt und ragt auf einem hohen Felsen empor; drinnen werden Gottesdienste mit Predigten, Gesang und Kirchendienern abgehalten; dennoch habe ich das Grab Bedas des Ehrwürdigen gesehen, untersetzte Pfeiler und Kreuzgänge und eine Reisegesellschaft hübscher Amerikanerinnen; die Pfeiler sind mit tief eingemeisselten Kerben bedeckt, was einen sonderbaren, beinahe polychromatischen Eindruck macht. Ausserdem sind dort das Grab des heiligen Cuthbert, eine alte Burg und alte Steinhäuschen, und das hübsche Städtchen läuft von einem Hügel auf den anderen, und mehr weiss ich schon nicht mehr davon.

Die englische Domarchitektur ist also im ganzen weniger malerisch und auch weniger plastisch als die kontinentale. Als es einmal den vornormannischen Briten gelungen war, gewaltige Domschiffe mit hölzernen Dächern zu errichten, blieben sie auch in der Gotik dabei, wahrscheinlich aus urzeitlichem Konservativismus; so sind ihre Kirchen übergrosse Säle mit breiten Fenstern, ohne Gewölbe und Rippenwerk, ohne das mächtig vortretende Stützpfeilersystem, ohne Bögen, Fialen und den ganzen plastischen Wahnsinn; sie haben zwei viereckige Türme am Portal und einen über dem Mittelkreuz, die Statuen sind von der Reformation weggefegt und weisen nur armseligen bildhauerischen Schmuck auf, der innere Raum ist durch den Chor und die Orgel verdorben und der Gesamteindruck durch die Anwesenheit der Kirchendiener stark beeinträchtigt.

Doch ein Wörtchen noch über euch, ihr kleinen Kirchlein ohne Chor und ohne Kirchendiener, ihr kahlen und kalten Sälchen Gottes mit eichenen Decken, Friedhofsrasen rundherum und einem viereckigen Turm zwischen den Bäumen, der so typisch ist für die englische Landschaft wie die Zwiebelkuppeln für unsere; ihr Türme, die ihr in ewig gleicher Kirchenmelodie die Stunden über den ewig gleichen Gräbern der Dahingeschiedenen schlagt.

REISE NACH SCHOTTLAND

Edinburgh

Und nun nach Norden, nach Norden! Grafschaft um Grafschaft eilt vorüber, in der einen liegen die Kühe, in der anderen stehen sie, irgendwo weiden Schafe, woanders Pferde und wieder woanders nur Krähen. Das graue Meer zeigt sich, Felsen und Moraste, die Hecken hören auf, und statt ihrer ziehen sich Steinmauern hin. Steinerne Mauern, steinerne Dörfer, steinerne Städte; hinter dem Fluss Tweed ist steinernes Land.

Mr. Bone hatte beinahe recht, als er Edinburgh zur hübschesten Stadt der Welt erklärte. Sie ist hübsch, steingrau und merkwürdig; dort, wo anderswo ein Strom fliesst, läuft die Eisenbahn, auf der einen Seite ist die alte Stadt, auf der anderen Seite die neue, breite Strassen wie nirgends sonst, in jedem Durchblick eine Statue oder eine Kirche; und in der alten Stadt furchtbar hohe Häuser, was es nirgends in England gibt, und Wäsche, auf Stangen über den Strassen flatternd wie Flaggen aller Völker – das gibt es drunten in England auch nicht –; und schmuddlige rothaarige Kinder auf den Gassen, das gibt es in England auch nicht; und Schmiede, Tischler und allerlei Gevatter, die es in England auch nicht gibt, und sonderbare Gässchen, *wynds* oder *closes,* die gibt es in England auch nicht, und dicke, zerzauste alte Weiber, die gibt es in England auch nicht; hier beginnt wieder das Volk, so wie in Neapel oder wie bei uns. Das ist eigentümlich, hier haben die alten Häuser die Schornsteine in der Stirn-

wand, gewissermassen anstelle von Türmen, so wie ich es gezeichnet habe. Das gibt es nirgends auf der Welt, nur in Edinburgh. Und die Stadt liegt auf Hügeln; du läufst irgendwohin, und auf einmal hast du unter den Füssen eine tiefe grüne Schlucht mit einem hübschen Fluss unten; du gehst, und unversehens läuft über deinen Kopf eine andere Gasse über eine Brücke, wie in Genua; du gehst und kommst auf einen ganz runden Platz, wie in Paris. Fortwährend gibt es was, worüber du dich wunderst. Du

kriechst ins Parlament, und dort laufen ganze Scharen von Advokaten herum, in Perücken mit zwei Schwänzlein hinten, wie vor ein paar hundert Jahren. Du läufst dir die Burg ansehen, die so malerisch auf dem steilen Felsen steht, und eine ganze Dudelsackpfeiferkapelle gerät dir in den Weg und eine Kompanie Highlander; die haben Hosen mit karierten Plaids an und Mützen mit Bändern, aber die Dudelsackpfeifer haben die Röcke rot und schwarz und solche Beutel aus Ziegenfell daran, und sie spielen auf den Dudelsäcken ein blökendes und aufregendes Lied zur Begleitung einer ganzen Trommlerkapelle. Die Schlegel fliegen über die Köpfe der Trommler, drehen sich, springen in einem absonderlichen und wilden Tanz; und die Dudelsackpfeifer meckern ihr Kriegslied und marschieren mit nackten Knien und den kleinen Schritten von Ballerinen über die Burgesplanade. Und bum und bum, die Schlegel wirbeln rascher, kreuzen sich, fliegen in die Höhe, und auf einmal wird ein Trauermarsch daraus, die Dudelsackbläser pfeifen eine endlose und gedehnte Melodie, die Highlander stehen still, hinter ihnen die Burg der schottischen Könige und noch weiter hinter ihnen die ganze blutige und furchtbare Geschichte dieses Landes. Und bum und bum, die Schlegel tanzen über den Köpfen einen wilden und kunstvollen Tanz – hier ist die Musik noch ein Spektakulum geblieben, wie zu Urzeiten; und die Dudelsackpfeifer blähen sich auf, als tanzten sie voll Hengstungeduld in den Kampf.

Andere Länder, andere Menschen. Hier ist Provinz, aber eine monumentale; das Land ärmer, aber aufgeweckt; ein rotbrauner und kantiger Menschenschlag, aber die Mädchen hübscher als unten in England, schöne, rotznäsige Kinder, das Leben ausladend und mannhaft, trotz allem Kalvinismus. Bei meiner Seele, da hat es mir gut gefallen; und vor Freude gebe ich Ihnen noch ein Stückchen Meer bei Leith und Newhaven als Zugabe, kaltes und stählernes Meer, und eine blaue Muschel zum Andenken und einen Gruss der Fischerbarken; und dazu gebe ich Ihnen noch das ganze altertümliche und malerische Städtchen Stirling mit der Burg der schottischen Könige; wenn Sie an der alten Kanone am Burgwerder stehen, dann halten Sie den Schlüssel zu den schottischen Bergen in der Hand; was, wenn wir uns dort mal umschauten?

Vor der Burg läuft eine Ballerina mit einem Seitengewehr und im karierten Kilt; zehn Schritte zum Tor, zehn zurück, Achtung, Parade, Gewehr ab; die Ballerina schüttelt das Röckchen und tanzt zurück. Im Süden das Schlachtfeld von Robert Bruce, im Norden blaue Berge; und unten auf der grünen Wiese krümmt sich der Fluss Forth, wie sich kein Fluss auf der Welt krümmt; so habe ich ihn gezeichnet, damit jeder sieht, dass es ein schöner und erfreulicher Fluss ist.

Loch Tay

Wenn ich ein Dichter wäre wie Karel Toman oder Otokar Fischer, schriebe ich heute ein nicht langes, aber schönes Gedicht. Das handelte von den schottischen Seen, wäre vom schottischen Wind durchweht und vom täglichen schottischen Regen betaut; es wäre darinnen etwas von blauen Wellen, Heidekraut, Farnen und besinnlichen Wegen; ich würde nicht erwähnen, dass diese besinnlichen Wege durchweg mit Zäunen eingefasst sind (vielleicht deshalb, damit die Hexen nicht dorthin tanzen gehen können). Ich muss in roher Prosa sagen, wie schön es hier ist: ein blauer und ein violetter See zwischen kahlen Hügeln – der See heisst Loch Tay, und jedes Tal heisst Glen, jeder Berg Ben und jeder Mensch Mac; der See blau und friedlich, die Brise funkelnd wehend, zottige schwarze oder rostrote Stierlein auf den Wiesen, pechschwarze Giessbäche und balladesk öde Hügel, mit

Gras und Heidegestrüpp bewachsen – wie soll ich Ihnen das nur schildern? Es wäre doch am besten, es in Versen aufzuschreiben; aber mir fällt kein Reim auf »Brise« ein.

Gestern abend trug mich der Wind zur Burg Finlarig; fürchterlich habe ich den alten Burghüter erschreckt, denn der reinigte eben die ehemalige Hinrichtungsstätte und hielt mich vielleicht für ein Gespenst. Als er sich beruhigt hatte, erzählte er in einem eigentümlichen Dialekt, aber mit grosser Wonne von der besagten Richtstätte; es ist ein Loch dort, wo die abgeschlagenen Köpfe in den Keller fielen; was mich anbetrifft, so halte ich es für möglich, dass die Öffnung und die unterirdische Kammer, einer Senkgrube sehr ähnlich, unblutigen und natürlichen Zwecken dienten. Ein anwesender Amerikaner lachte über all das skeptisch, als ob es Humbug wäre; aber die Amerikaner haben eben kein Verhältnis zu den Geheimnissen der Alten Welt. – Der Gevatter Wächter war auf seine Burg ausserordentlich stolz; er zeigte allerlei Bäume, alte

Hufeisen und Steine und liess sich, offenbar auf gälisch, endlos lang über Königin Maria Stuart, den Marquis Ballochbuich und die schottische Geschichte aus. Dort ist auch eine Kammer mit Statuen; die eine stellte die Königin Maria dar, eine andere einen gewissen Ritter Campbell und eine dritte den Narren der Königin. Den habe ich für Sie gezeichnet.

Sehr merkwürdig ist eine andere Statue, von der der alte Kastellan wohl nach einer alten Ballade erzählte, dass sie ein bösmäuliges Weib darstelle; und weil es mit ihr so nicht mehr weitergegangen sei, habe der Sheriff entschieden, dass alle Betroffenen ihr öffentlich den Hintern verhauen sollten, was angeblich das besagte Standbild veranschauliche. Ich bin insoweit anderer Ansicht als die Ortsautorität, als mir die Statue weitaus älter vorkommt als der Sheriff, das geschwätzige Weib und die Burg Finlarig; ich glaube, sie stellt etwas Altertümlicheres dar, vielleicht die Qual der Verdammten in der Hölle. Übrigens habe ich sie sorgfältig aufgezeichnet.

Es gelang mir auch, ein Schottenpaar zu zeichnen, Mann und Frau. Die Schotten sind durchweg untersetzt,

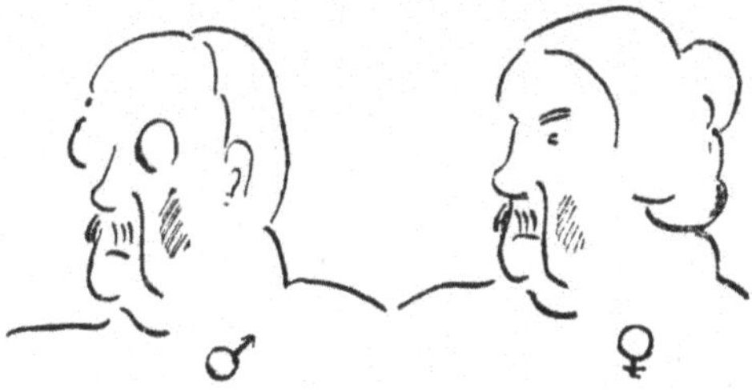

mit blühenden Wangen und starken Nacken; sie haben viele Kinder und sympathische, altertümliche Clannamen. Die Röckchen oder Kilts tragen sie nur beim Militär oder wenn sie Dudelsack spielen. Die karierten Plaids heissen Tartans und sind eigentlich so etwas wie Wappen; jeder Clan hat einen Tartan von anderer Farbe, was bestimmt einst Grund genug war, sich mit einem anderskarierten Clan gegenseitig niederzumetzeln.

Der schottische Sonntag ist noch ärger als der englische, und schottische Gottesdienste rufen die Vorstellung der Unendlichkeit hervor. Die Pastoren tragen struppige Schnurrbärte und sind nicht so rosig und wohlwollend wie anglikanische Geistliche. In ganz Schottland hören am Sonntag die Züge auf zu fahren, die Bahnhöfe werden geschlossen, und es geschieht rein gar nichts; ich wundere mich nur, dass man nicht auch die Uhren anhält. Nur der Wind kräuselt die bläulichen und stählernen Seen zwischen den kahlen Kuppen der Hügel; auf so einem See trieb ich, bis mein Kahn auf eine Sandbank geriet, so legte ich die Feder weg und machte mich auf, über die besinnlichen Wege zwischen den Drahtzäunen zu wandeln.

*

Und ein anderes Schottland erschien mir unter den grauen Himmeln: öde und lange Glens mit zerfallenen Steinhütten, steinerne Mäuerchen, über die Berghänge laufend, auf Meilen und Meilen kaum ein steinernes, unbewohnt scheinendes Häuschen; da und dort ein Haferfeld mit fingerhoher Ernte, alles andere nur Farnkraut und Steine und Gras, steif wie Moos; manchmal blökt ein hirtenloses Schaf, das über den Abhang klettert, irgendwann schreit klagend ein Vogel, unten rauscht der schwarze, gelblich schäumende Fluss Dochart zwischen knorrigen Eichen. Ein sonderbares, rauhes, vorgeschichtlich anmutendes Land. Wolken ziehen über die Scheitel der Hügel, ein Regenschleier überschattet die bange und leere Landschaft, die sich bisher nicht der Menschenhand unterworfen hat; und unten rauscht der schwarze Fluss Dochart über schwarzes Gestein.

Trage mich, Seekönigin, über den scharf grauen und blauen Loch Tay, zwischen den menschenleeren Hügelkuppen unter dem Himmel, der mich mit Regen und Sonne bewirtet; trage mich, reines Schifflein, über die glänzende Seide des Tay-Sees!

Trage mich, rote Post, durch das grünste aller grünen Täler, durch das Tal der knotigen Bäume, durch das Tal des schäumenden Flusses, das Tal der zottigen Schafe, durch den Glen nordischer Fülle! Warte, silberne Espe, bleibe, breitbeinige und krausköpfige Eiche, schwarze Föhre und satte Erle; warte, du Mädchen mit den wilden Augen!

Doch nein; entführe mich nach Norden, zischender Zug, nach Norden, zwischen die schwarzen Berge. Blaue und schwarze Berge über grünen Wällen; Täler rötlicher Kühe, lichten und schwarzen Grüns, glänzende Seen und nordische Schönheit der Birken; kahle und anmutige Rundungen der Hügel mit Tälern und Mulden ohne Ende, von rostrotem Heidekraut überwucherte Glens und Hänge; nördliche Schönheit der Wiesen, Birkenwäldchen, und im Norden, im Norden glitzert die Meeresfläche wie eine Stahlklinge.

Inverness, Städtchen der Forellen und der Highlander, ganz aus rosigem Granit erbaut. Und die Häuschen sind aus so schön behauenen Quadern errichtet, dass ich sie für Sie gezeichnet habe. Auch diese Dächlein über den Türen gibt es nur in Inverness.

Und jetzt in die Berge, ins Innere des Landes, in die Landschaft der gälischen Sprache. Mein Gott, niemals habe ich eine so traurige und schreckliche Gegend gesehen: immerzu kahle Hügel, aber höhere und grässlichere;

nichts als verkrüppelte Birken, und dann auch die nicht mehr, nur noch gelber Ginster und Heidekraut, und dann auch das nicht mehr, nur noch feuchter schwarzer Torf und darauf Flocken von *bog cotton,* das wir Bart des heiligen Ivan nennen; und dann nicht einmal mehr die, dafür Steine, lauter Steine mit steifen Büscheln Schilf.

Die Wolken schleppen sich über die grauen Glatzen der Hügel, ein kalter Wind spritzt, Dämpfe steigen über die schwarzen Felsen auf, und ein dunkler Glen zeigt sich, traurig wie das Heulen eines Hundes. Über Meilen und Meilen weder ein Häuschen noch ein Mensch; und wenn mal ein Häuschen vorbeifliegt, so ist es grau und steinern wie die Felsen und allein, auf Meilen allein. Ein See ohne Fischer, Bäche ohne Müller, Weideland ohne Hirten, Wege ohne Wanderer. Nur in fruchtbareren Niederungen weiden zottige schottische Stiere, stehen im Regen da und legen sich in die Nässe; vielleicht sind sie deshalb mit so struppigen Haarbüscheln bewachsen, wie ich sie Ihnen gezeichnet habe.

Und die schottischen Schafe haben ganze Havelocks aus Wolle und gleichsam schwarze Masken vor dem Gesicht; niemand hütet sie, nur ein Steinmäuerchen läuft über den öden Abhang, die Gegenwart des Menschen verkündend: Bis zu diesem Mäuerchen reicht meine Weide.

Und jetzt ist es so öde, dass es weder Herden noch Eigentum hier gibt, nur die Ruinen eines Häuschens und einen zerfallenen Wall an der braun quellenden Mooslehne. Ende des Lebens; hier hat sich vielleicht seit zehntausend Jahren nichts geändert; nur Wege legten die Menschen an und bauten Bahnen, aber die Erde hat sich nicht geändert; nirgends ein Baum oder ein Busch, nur kalte Seen, Schachtelhalm und Farn, ohne Ende braunes Heidekrautgestrüpp, ohne Ende schwarze Steine, tintenschwarze schattige Bergspitzen, von silbernen Wildbachfäden durchschnitten, schwarzer Kot der Torfgruben, von Wolken dampfende Glens zwischen kahlen Bergrücken und wieder ein See mit dunklen Binsen, der Wasserspiegel ohne Vogel, die Landschaft ohne Menschen, Bangigkeit ohne Ursache, Weg ohne Ziel, ich weiss nicht, was ich suche, aber hier ist endlich Einsamkeit; trinke von dieser unermesslichen Trauer, ehe du zurückkehrst zu den Menschen, quelle auf an Einsamkeit, unbefriedigte Seele; denn nie hast du Grösseres gesehen als diese Verlassenheit.

Und nun führt man mich zu Tal, an den Rinnen glitzern gelbe Funken von Ginster, kriecht Krummholz, verkrüppelte Birken klammern sich an Granitgestein; ein schwarzer Sturzbach springt durch das Tal, schon sind Föhrenwälder da, rosig blühen der Rhododendron und der rote Fingerhut; Birken, Zirbelkiefern, Eichen und Erlen, nordische Wildnis, hüfthohes Farnkraut und ein Urwald von Wacholder; die Sonne dringt durch die Wolken, und unten blitzt ein tiefer Einschnitt des neuen Meeres zwischen den Gipfeln der Berge auf.

Terra Hyperborea

Ich bin in der Gegend, die Skye oder Firmament heisst; aber ich bin nicht im Himmel, sondern nur auf den Hebriden, auf einer grossen, wunderlichen Insel zwischen Inseln, auf einer Insel, die aus Fjorden, Torferde, Felsen und Gipfeln besteht; ich sammle farbige Muscheln zwischen den bläulichen oder flachsgelben Kieseln, und aus besonderer Gnade des Himmels finde ich sogar die Losung eines wilden Elchs, der die Melkkuh der gälischen Wassergeister ist. Die Hänge nässen wie ein vollgesogener Schwamm, das Bruach-Heidekraut hält mich an den Beinen fest, aber dann, Leute, dann sieht man die Inseln Raasay und Scalpay, Rum und Eigg, und dann sieht man Berge mit wunderlichen und uralten Namen, wie Beinn na Caillich und Sgùrr na Banachdaich und Leacan Nighean an t-Siosalaich oder sogar Druim nan Cleochd, während die kahlen Kuppen dort nur Blaven heissen, ganz einfach Blaven. Und dieses Bächlein heisst schlicht Aan Reidhe Mhoire, und dort die sandige kleine Bucht ist einfach Sròn Àrd a' Mhullaich. Diese und alle anderen Namen zeigen die Schönheit und Sonderbarkeit der Insel Skye.

Sie ist schön und arm; und die ursprünglichen Hütten sehen so vorgeschichtlich aus, als hätten die seligen Pikten sie gebaut, über die, wie bekannt, nichts bekannt ist. Dann kamen die gälischen Kaledonier und von irgendwoher aus Norwegen die Wikinger; König Håkon hin-

terliess hier sogar eine steinerne Burg, und daher heisst der Ort Kyleakin. Sonst liessen alle diese Eroberer die Insel Skye in ihrem ursprünglichen Zustand, so wie sie aus Gottes Hand hervorgegangen war: wild, wüst und zerfurcht, nass und erhaben, schrecklich und anmutig. Die kleinen Steinhütten sind von Gras und Moos überwachsen, oder sie zerfallen, von den Menschen verlassen.

Einmal in der Woche scheint die Sonne, und dann enthüllen sich die Berggipfel in allen unaussprechlichen Abstufungen der Bläue; so gibt es eine azurne Bläue, eine perlmutterfarbene, eine neblige oder indigoartige, eine schwarze, rosige und grüne; eine tiefe Bläue, eine hauchzarte, einem Dunst ähnlich, einem Anflug oder einer blossen Erinnerung an etwas schön Blaues. Alle diese und zahllose andere Blauschattierungen sah ich auf den blauen Gipfeln des Cuillin, aber zu allem gab es noch blauen Himmel und eine blaue Meeresbucht, und das lässt sich schon gar nicht mehr beschreiben; ich sage Ihnen, in mir erstanden unbekannte und göttliche Tugenden beim Anblick dieser unendlichen Bläue.

Aber dann steigen Wolken aus den Tälern und von den Bergen auf, das Meer wird grau, und ein nasskalter Regen fliesst mit den feuchten Hängen zusammen. Im Hause braver Menschen brennt Torf im Kamin, eine Frau mit antikem Profil singt schottische Balladen, und ich singe mit den anderen ein wunderliches und altes Lied:

> tha tigh'nn fodham, fodham, fodham,
> tha tigh'nn fodham, fodham, fodham,
> tha tigh'nn fodham, fodham, fodham,
> tha tigh'nn fodham èirigh.

Und dann halten wir uns alle im Kreis an den Händen und singen etwas Schottisches vom Abschiednehmen oder vom Wiedersehen. Zwischen den Landzungen der Insel sieht man einen schmalen Streifen freies Meer; hier, sagt man, fahren die Walfänger nach Island oder Grönland. Mensch, warum ist dir so traurig zumute, wenn du den Streifen freies Meer ansiehst? Seid gegrüsst, ihr Länder, die ich vielleicht nie sehen werde!

Ach, ich habe blaue und feurige Meere gesehen und samtweiche Strände und Palmen, die sich über azurne Wellen neigen; aber diese grauen und kalten Lochs haben es mir angetan; schau, dort watet ein Kranich durch den Tang, und eine Möwe oder eine Seeschwalbe gleitet mit scharfem und wildem Schrei über die Wellen, über dem Heidekraut pfeift eine Schnepfe und schwirrt ein Schwarm Wacholderdrosseln, ein zottiger Jungstier wundert sich über den Menschen, und auf den kahlen Hügeln weiden Schafe, aus der Ferne gelblichen Läusen ähnlich; und mit dem Abend schwirren Myriaden winziger Fliegen auf und kriechen dem Menschen in die Nase, während der nördliche Tag beinahe bis Mitternacht dauert.

Und das bläuliche, plätschernde Meer unter den Füssen und der offene Weg nach Norden …

»But I am Annie of Lochroyan«

Aber der Kapitän des Dampferchens liess sich nicht von dem freien Weg nach Norden locken; er war ein besonnener Mann, und statt nach Grönland oder Island fuhr er einfach nach Mallaig; anscheinend hatte er nicht Jack London gelesen.

Warum jagt ihr uns nach, ihr Möwen, schreiendes Meergesinde? Wenn ich fliegen könnte wie ihr, so flöge ich über Schottland, auf den rundlichen Wellen der Seen rastend, und dann über das Meer nach Hamburg; dort fliesst die Elbe, und über die würde ich mit starken Schwingen dahinfliegen; erst bei der Stadt Mělník würde ich einem anderen Fluss folgen, bis ich nach Prag käme;

dort flöge ich durch die Siegesbögen aller Brücken, schreiend und vor Freude lachend: Leute, ich komme geradewegs aus Schottland geflogen, um mein weisses Bäuchlein an der warmen Moldau zu wärmen. Schön und sonderbar ist das Land, auch Kaledonien oder das Land Stevensons genannt; aber es ist irgendwie traurig und düster. Hier gibt es zwar keine Seen, aber dafür ist der Wenzelsplatz da; hier gibt es keinen Ladhar Bheinn, aber es ist ein Kai da mit Akazien und der Vyšehrad und der Petřín; und ich soll euch Grüsse ausrichten von einem Wanderer, der eben den Sound of Sleat durchschwimmt.

Ich habe Ihnen den Sound of Sleat gezeichnet mit dem Berg Ladhar dazu; ich habe Ihnen auch den Hafen Mallaig gezeichnet und sogar einen Seemann dazugegeben, damit niemand sagen kann, ich hätte vielleicht etwas verschwiegen oder die Welt nicht so gezeichnet, wie sie ist, mit Barken und Matrosen.

Trage mich, Zug, durch alle Gegenden Kaledoniens; denn hier fühlt sich mein Herz wohl und bang. Da sind der Morar-See und Loch Shiel; und Berggipfel sind da,

Schluchten und Glens, breitschultrige Hügel mit titanischen Abhängen, gewölbte Rücken und Hinterteile gewaltiger steinerner Urtiere mit saftig grünem Dickicht in den Achselhöhlen und in den Falten des kahlen Körpers; Hügel, mit Felsblöcken bespickt wie ein Baumstriezel mit Mandeln, scharfe Seen mit zarten Inselchen, wie Loch Eilt, und Seen überall, wo dazu Gelegenheit

ist, lange und glitzernde Wasser, ihre Oberfläche, vom Winde gekräuselt, mit silbernen Fusswegen der Wassergeister; felsige oder aus Granitteig aufgegorene, runde Berge, gestreifte, zerfurchte, wie ein Nilpferd kahle blaue und rostrote und grüne Hügel, und immerfort wüste Berge, endlos und ohne Menschen.

Endlich Fort William, eine der eisernen Schranken, die ehemals rebellische Bergbewohner zurückhielten; und darüber Ben Nevis, der höchste Gipfel dieses Berglandes, ein untersetzter und bewölkter Bursche über dem Meeresfjord, mit weissen Wasserfällen aus den Schneefeldern dort am Gipfel durchwirkt – und wieder Berge und Berge, Glens und Seen, Schattentäler, Schluchten schwarzer Wasser, eine Erde, die Gott aus hartem Stoffe geknetet und dem Menschen gegeben hat, damit er sich darauf mit dem Menschen herumbalge; denn mit dem Felsen und mit dem Heidekraut kann er nicht raufen.

*

Und dieser kurze Brief gilt dir, Glasgow, du Stadt ohne Schönheit, Stadt des Lärms und des Handels, Stadt der Fabriken und Werften, du Hafen aller Waren. Was über dich sagen? Ob Fabriken, Docks und Lagerhäuser, Kräne im Hafen, die Türme der Stahlwerke, Herden von Gasometern, ratternde Wagen mit Waren, hohe Schlote und dröhnende Dampfhämmer, Balken- und Eisenkonstruktionen, Bojen auf dem Wasser und Berge von Kohlen wohl schön sind? Ich armer Sünder denke und sehe, dass all dies sehr schön und malerisch und monumental ist; aber das Leben, das daraus entsteht, die Strassen, die Menschen, die Gesichter aus den Werkstätten und den Schreibstuben, die Behausungen der Menschen, ihre Kinder und ihr Essen, das Leben, ich sage, das Leben, das sich aus diesen grossen und starken Dingen nährt, ist weder schön noch malerisch; es ist vielmehr von Gottes Atem verlassen, roh und schmutzig und klebrig, lärmend, stinkend und schwül, unordentlich und schwer, schwerer als der Hunger und unordentlicher als das Elend; und die Müdigkeit von Hunderttausenden legte sich auf mich, und ich entfloh, Glasgow, denn ich hatte nicht den Mut, zu schauen und zu vergleichen.

Lake District

Damit man nicht sagen kann, dass nur in Schottland Seen seien, so gibt es sie auch in England, wo sie gleich einen ganzen Distrikt zugewiesen bekommen haben; so ist dort der Derwent Water und der Bassenthwaite-See, Wastwater und der Thirlmere und der Grasmere und der Windermere und Ullswater und viele andere, und hier lebten die Seedichter, und Wordsworth hat hier in Grasmere sein Grab neben einem schönen alten Kirchlein mit einer Eichendecke im Tal der krausen Bäume; aber obgleich dieser Satz lang ist, umfasst er nicht alle Wonnen der anmutigen

Seenlandschaft. So ist, sagen wir, Keswick ein Städtchen, das im Unterschied zu allen anderen Städtchen der Welt aus rein grünen Steinen gebaut ist; aber weil ich keine grüne Farbe bei mir habe, so habe ich Ihnen wenigstens das Gemeindehaus gezeichnet, das ebenfalls hübsch ist. Aus touristischen Gründen ist der Berg Skiddaw da und dann zwischen Wäldern und Parks der sanfte Derwent Water, den ich an einem so süssen und stillen Abend gezeichnet habe, dass mir vor Freude fast beklommen zumute war; der Sonnenuntergang kämmte die lockigen

Wolken mit einem goldenen Kamm, und hier liess sich der Wanderer am stillen Röhricht nieder und wollte nicht mehr heim; so berauschend und still ist das Wasser. Der *Führer durch den Lake District* gibt verschiedene Berge, Pässe und schöne Aussichtspunkte an sowie auch einen Stein, auf dem Wordsworth zu sitzen pflegte, und andere örtliche Schönheiten. Was mich anbetrifft, so habe ich einige Wallfahrten entdeckt und unternommen:

1. *Die Wallfahrt zu den Schafen.* Zwar gibt es überall in England Schafe, aber die Seeschafe sind besonders kraushaarig, weiden auf seidenen Rasen und erinnern an die Seelen der Seligen im Himmel. Niemand hütet sie, so verbringen sie die Zeit mit Fressen, Träumen und from-

men Gedanken. Ich habe sie gezeichnet und so viel stille und sanfte Lebensfreude hineingelegt, als man mit einer Füllfeder erreichen kann.

2. *Die Wallfahrt zu den Kühen.* Seekühe haben im Unterschied zu anderen eine spezielle rote Färbung; ausserdem unterscheiden sie sich von anderen Kühen durch den Liebreiz der Landschaft, in der sie weiden, und durch die Sanftheit des Ausdrucks. Sie wandeln den ganzen Tag über elysische Wiesen; und wenn sie sich niederlegen, so wiederkäuen sie langsam und ernst Worte der

Danksagung. Ich habe sie auf meinem Bildchen mit allen Schönheiten des Seengebiets umgeben; Sie sehen dort eine Brücke, unter der ein Bächlein mit Forellen fliesst, geschmeidiges Gebüsch, krause Bäume, runde und freundliche Hügel, mit Wäldchen und Hecken besetzt, die Rücken der kumbrischen Berge und schliesslich den Himmel, voll Feuchtigkeit und Licht; zwischen den Bäumen erblicken Sie die Giebel mehrerer Häuschen aus rötlichen oder grünlichen Steinen; und Sie werden zugeben, dass eine Kuh im Lake District zu sein eine grosse Gnade ist, die nur den heiligsten und würdigsten Geschöpfen zuteil wird.

3. *Die Wallfahrt zu den Pferden.* Die Pferde in England tun nichts anderes, als den ganzen Tag zu weiden oder auf dem schönen Gras spazierenzugehen. Vielleicht sind es gar keine Pferde, sondern Swifts Houyhnhnms, ein weises und halbgöttliches Volk, das sich nicht mit Handel abgibt, keine Politik betreibt und sich sogar nicht einmal für die Pferderennen in Ascot interessiert. Den Menschen sehen sie liebenswürdig und beinahe

ohne Widerwillen an; sie sind ausserordentlich vernünftig. Manchmal denken sie nach, manchmal laufen sie mit wehendem Schweif los, und manchmal blicken sie so gross und ernst drein, dass sich der Mensch neben ihnen wie ein Affe vorkommt. Pferde zu zeichnen ist die schwerste Aufgabe, die mir bisher untergekommen ist. Als ich es versuchte, umringten mich die Pferde, und eines versuchte mit aller Gewalt, mein Zeichenheft zu fressen; ich musste den Rückzug antreten, als es sich nicht damit zufriedengeben wollte, dass ich ihm die Bilder von weitem zeigte.

* Das ist das Pferd, das mein Heft fressen wollte.

Es gibt noch viel Schönes im Seengebiet: so besonders Flüsse im Zickzack, dichtbelaubte und erhabene Bäume, Wege, die sich wie ein Band winden, der Ruf der Berge und die Behaglichkeit der Täler, gekräuselte und sanfte Seen; und über die gewundenen Wege schnaufen Charabancs voll Touristen, fliegen Autos und gleiten Frauen auf Fahrrädern; nur die Schafe, die Kühe und die Pferde kauen die Schönheit der Natur bedächtig und ohne Hast.

NORDWALES

Die Heilige Schrift sagt zwar ganz deutlich: »Ac efe a ddywedodd hefyd wrth y bobloedd, Pan weloch gwmwl yn codi o'r gorllewin, yn y fan y dywedwch, Y mae cawod yn dyfod; ac felly y mae« (Lk 12,54). Obzwar die Waliser Bibel dies über den Westwind sagt, so machte ich mich doch bei Westwind nach dem Berg Snowdon oder richtig Yr Wyddfa auf, um das ganze Land Wales zu sehen. *Ac felly y mae:* Es regnete nicht nur, sondern ich geriet in die Wolken und in eine solche Kälte, dass ich auf dem Scheitel des Snowdon Zuflucht zu einem Ofen nahm; Feuer ist

nämlich sehr schön anzusehen, und bei glühenden Kohlen lässt sich eine Menge der besten Dinge denken. Der Reiseführer lobt die Schönheit und Mannigfaltigkeit der Aussicht vom Berg Snowdon; ich sah weisses und graues Gewölk, spürte es sogar bis unters Hemd; für den Anblick ist es nicht gerade hässlich, denn es ist weiss; aber allzu mannigfaltig ist es nicht. Nichtsdestoweniger war es mir vergönnt, den Lliwedd zu sehen und Moel Offrwm und Cwm y Llan und Llyn Ffynnon y Gwas und den Crib y Ddysgl; und sagen Sie selbst, lohnen nicht diese schönen Namen das bisschen Nieseln, Sturm, Kälte und Gewölk?

Was die Sprache der Waliser anbetrifft, so ist sie etwas unverständlich und, wie mir mein gelehrter Freund erklärte, auch kompliziert; zum Beispiel sagt man zum Vater einmal *dad,* ein andermal *tad* und wieder ein andermal *nhad,* je nach den Umständen. Dass es eine komplizierte Sprache ist, sieht man daran, dass ein Dorf auf Anglesey schlicht Llanfairpwllgwyngyllgogerychwyrndrobwllllantysiliogogogoch heisst. Damit Sie es wissen, das walisische Keltisch hört sich hübsch an, besonders aus dem Mund dunkelhaariger Mädchen von beinahe französischem Typus. Die alten Waliserinnen tragen

aber leider Männermützen; das ist augenscheinlich der Rest der einheimischen Tracht, zu der bei den Frauen ein ungeheuer hoher Männerzylinder gehörte.

Sonst ist Wales keineswegs so sonderbar und schrecklich wie seine Ortsnamen. Ein Ort heisst Penmaenmawr, und dort gibt es nur Steinbrüche und Seebäder. Ich weiss nicht, weshalb manche Namen so eine magische Wirkung auf mich haben; ich musste Llandudno sehen und war erschüttert; erstens wird es anders ausgesprochen, und zweitens ist es nur eine Anhäufung von Hotels, Felsen und Sand, wie jedes beliebige Seebad dieser Insel. So verkroch ich mich bis nach Caernarfon, der Hauptstadt

der Waliser; das ist so weit, dass man dort auf der Post nichts von unserem Land weiss und man um sieben Uhr kein Abendessen bekommt; ich weiss nicht, weshalb ich ganze zwei Tage dort blieb. Sie haben da eine grosse, alte Burg der Prinzen von Wales; ich hätte sie gezeichnet, aber sie ging mir nicht aufs Papier; so zeichnete ich wenigstens einen ihrer Türme, wo gerade ein autonomes Krähenparlament tagte. Noch nie habe ich so viele Krähen gesehen und gehört; ich sage Ihnen, Sie müssten nach Caernarfon fahren.

Wales ist das Land der Berge, Lloyd Georges, der Forellen, der Ausflügler, der schwarzen Kühe, des Schiefers, der Burgen, des Regens, der Barden und der keltischen Sprache. Die Berge sind kahl und violett, sonderbar und voller Steine; in den Hotels gibt es durchnässte Fotografien der Veranstalter von Gesangswettbewerben, die hier gewissermassen eine nationale Spezialität sind; die walisischen Schafe haben lange Schwänze, und selbst wenn Sie mich in Stücke schnitten, so ist das alles, was ich über Nordwales weiss. Wem das wenig vorkommt, der soll, sage ich, nach Caernarfon fahren. In Bangor steigt man um.

BRIEFE ÜBER IRLAND

I

Ich wollte eigentlich Briefe *aus* Irland schreiben; schliesslich habe ich nicht weiter hin als ein paar lumpige Stunden; warum ich nicht dorthin fahre, ist mir selbst nicht ganz klar. Ich glaube, die irische Frage ist schuld daran.

Ich habe die irische Frage beinahe allen Engländern, Schotten, Kymren und Gälen gestellt, mit denen ich zusammentraf; ich fragte sie, was ich eigentlich in Irland sehen müsse und wohin ich meine Schritte lenken solle; es schien mir, dass ihnen diese Frage irgendwie unangenehm war. Sie sagten mir, ich solle lieber nach Oxford fahren oder nach Stratford-upon-Avon oder in ein Seebad. Da entbrannte meine Neugier um so stärker.

»Fahren Sie nach Norden!« riet mir einer.

»Fahren Sie nach Westen!« riet mir ein zweiter ohne rechte Begeisterung.

»Fahren Sie nach Süden!« meinte ein dritter. »Ich war zwar noch nicht da, aber wenn Sie schon dort hinfahren wollen …«

II

Frage: Ich möchte mir gerne Irland ansehen. Was sagen Sie dazu?

Antwort: Ah eh eh eh oh oh. Eh?

Frage: Wie bitte?

Antwort: Es ist nicht ganz ruhig dort.

Frage: Ist das so schlimm?

Antwort: Nun, man sprengt dort auch Brücken in die Luft, und wenn ein Zug fährt – –

Frage: Fliegt jeder Zug in die Luft?

Antwort (etwas unsicher): Nein, nicht jeder. Wissen Sie was? Fahren Sie nach Belfast! Dort haben Sie es beinahe so wie hier …

III

Mr. Shaw riet mir dann nur zu einem einzigen Ort in Irland; es ist ein kleines Inselchen im Süden, dessen Namen ich vergessen habe. Dort seien die Leute angeblich sehr gut beieinander; leider, fügte Mr. Shaw hinzu, sei es unmöglich, an der besagten Insel zu landen.

IV

Gut, so siehst du es dir halt auf eigene Faust an. Du kaufst dir einfach einen Führer durch Irland, suchst dir ein paar hübsche Orte aus und wirst Briefe aus Irland schreiben.

Von Glasgow angefangen, laufe ich alle Buchhändler ab und verlange einen Führer durch Irland. Aber der Buchhändler schüttelt bedenklich den Kopf; nein, einen Führer durch Irland hat er nicht. Er hat Führer durch Cornwall und die Dukeries, durch Snowdonia und die Ausstellung in Wembley, aber zufällig ausgerechnet über Irland nichts, *sorry,* gar nichts. »Unsere Leute fahren nicht hin.«

V

Nur ein paar lumpige Stunden habe ich von hier nach Irland; aber, sagen Sie selbst, soll ich für nichts und wieder nichts das schreckliche Geheimnis fortwerfen, mit dem dieses Land für mich verhüllt ist? So werde ich immerfort mit Liebe und Freude auf die Karte von Irland schauen: Sieh, das Land, dessen Schleier ich nicht gelüftet habe.

WIEDER IN ENGLAND

Dartmoor

Nun, ich habe alles gesehen: Ich habe Berge gesehen und Seen, das Meer, Weiden und Landschaften, die Gärten ähnlich waren; nur einen ordentlichen englischen Wald habe ich nicht gesehen, denn hier haben sie sozusagen vor lauter Bäumen keinen Wald. So fuhr ich zu jener Stelle, wo auf der Landkarte »Dartmoor Forest« steht oder Dartmoorer Forst; ausserdem ist Dartmoor, wenn ich mich in der Literaturgeschichte nicht täusche, das Gebiet des Hundes von Baskerville. Unterwegs schaute ich mir an, von wo die *Hispaniola* nach Stevensons Schatzinsel ausgelaufen war; das ist in Bristol, am ehesten bei jener Brücke, wo die nach Orangen duftende Brigg lag. Sonst gibt es in Bristol rein gar nichts, höchstens eine schöne Kirche, in der gerade irgendeine Andacht abgehalten wurde, eine Kathedrale, wo ebenfalls gerade ein Gottesdienst mit Gesang und Predigt stattfand, und schliesslich ein altes Spital, wo ich eine bärtige Karyatide zeichnete, eine Chimäre mit Vollbart, was für Bristol interessant genug ist.

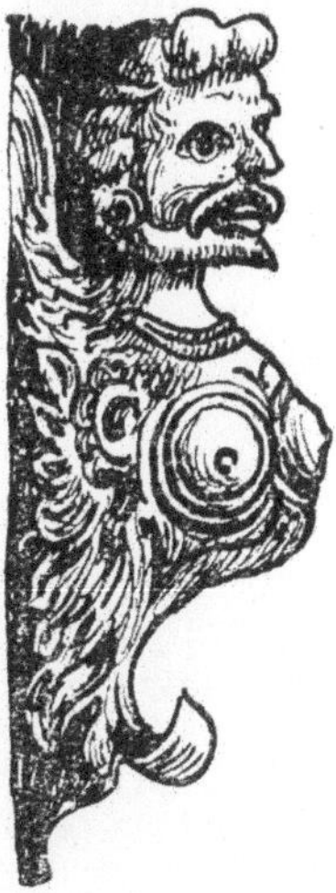

In Exeter überfiel mich der englische Sonntag, verbunden mit Regen. Der Sonntag in Exeter ist so umfassend und heilig, dass selbst die Kirchen geschlossen sind, und was das leibliche Wohl betrifft, so muss der Wandersmann, der kalte Kartoffeln verachtet, mit hungrigem Magen schlafen gehen; ich weiss nicht, welche besondere Freude der Gott von Exeter daran hat. Sonst ist es eine nette Stadt mit angenehmem und stillem Regen und alten englischen Häusern, zu denen ich noch zurückkehren werde; denn jetzt eile ich in den Dartmoorer Wald.

Man fährt auf schön gewundenen Strassen dorthin, über runde Hügelchen durch die zottigste grüne Landschaft, wo es die dichtesten Hecken gibt, die grössten Schafe und am meisten Efeu, Dickicht und Weissdorn und die buschigsten Bäume und Hütten mit den dick-

sten Strohdächern, die ich je gesehen habe. So ein alter Baum in Devonshire ist kompakt wie ein Fels und vollendet wie eine Statue. Dann kommen langgestreckte, kahle, verlassene Hügel ohne ein einziges Bäumchen;

das ist der Dartmoorer Forst. Hier und da ragt aus der Heidekrauteinöde ein Granitblock empor wie ein Altar von Riesen oder Urechsen; das sind *tors,* müssen Sie wissen. Manchmal fliesst ein rotes Bächlein durch das Heidekraut, glänzt schwarz ein verfallener Tümpel, leuchtet ein bewachsener Sumpf; man sagt, dass darin selbst ein Reiter mit seinem Ross spurlos versinken könne, aber ich konnte das nicht versuchen, weil ich kein Pferd hatte. Die niedrigen Kuppen beziehen sich, ich weiss nicht, fallen da die sich dahinschleppenden Wolken hernieder, oder dampft die ewig quellende Erde; der Nebelschleier des Regens verhüllt das Gebiet des Granits und der Sümpfe, die Wolken ballen sich schwer, und ein tragisches Zwielicht enthüllt für eine Weile den wüsten Grund voll Heidekraut, Wacholder und Farn, der einstmals ein undurchdringlicher Forst war.

Was ist das im Menschen, dass es ihm den Atem verschlägt, wenn er so eine Gegend des Grauens und der Sehnsucht sieht … ist es etwa schön?

Hinauf und hinunter, hinauf und hinunter durch das grüne Devon zwischen zwei Mauern grüner Hecken, die das weite Land karieren wie die duftenden Feldraine bei uns, und immerzu zwischen alten Bäumen, zwischen den klugen Augen der Herden, hinauf und hinunter zur roten Küste von Devon.

Häfen

Aber natürlich, ich habe mir die Häfen angeschaut und habe ihrer so viele gesehen, dass ich sie jetzt verwechsle. Warten Sie mal, in Folkestone, in London, in Leith, in Glasgow, das sind vier; dann in Liverpool, in Bristol, in Plymouth, und möglich, dass es noch mehr waren. Am schönsten ist Plymouth, das hübsch zwischen Felsen und Inseln eingekeilt ist und wo es in Barbican einen alten Hafen mit wirklichen Seeleuten, Fischern und schwarzen

Barken gibt und einen neuen Hafen unterhalb der Hoe Promenade mit Kapitänen, Statuen und einem gestreiften Leuchtturm. Den Leuchtturm habe ich gezeichnet, aber man sieht darauf nicht, dass eine blassblaue Nacht ist, dass auf dem Meer die grünen und roten Lampen der Bojen und Schiffe funkeln, dass ich unter dem Leuchtturm sitze und eine schwarze Katze – ich meine eine wirkliche Katze – im Schoss habe und dass ich das Meer streichle, die Mieze, die Lichter auf dem Wasser und die ganze Welt in einem Anfall törichter Freude darüber, dass ich auf der Welt bin; und unten in Barbican stinkt es nach Fisch und nach dem Ozean wie zu Zeiten des alten Drake und des Kapitäns Marryat, und das Meer ist friedlich, weit und leuchtend – ich sage Ihnen, in Plymouth ist der allerschönste Hafen.

Liverpool

Aber Liverpool, Leute, Liverpool ist der grösste; und um dieser Grösse willen vergebe ich ihm jetzt, was er mir angetan hat; denn wegen eines Kongresses oder eines Königsbesuches oder was immer es war, wollte es dem Wandersmann kein Nachtlager gewähren und erschreckte mich mit einer neuen Kathedrale, so gross und hoffnungslos wie die Ruinen der Caracalla-Thermen in Rom, und hüllte sich um Mitternacht in puritanische Finsternis, damit ich den Weg zu dem elenden Wirtshaus, das mir ein feuchtes und sauer wie ein Bottich Kraut riechendes Lager gab, nicht fände – das alles verzeihe ich Liverpool, denn ich habe allerhand von Dingle bis Bootle gesehen und noch bis Birkenhead dort auf der anderen Seite, gelbes Wasser, brüllende Dampffähren, Schleppschiffe, dickbäuchige schwarze Schweine, die auf den Wellen schaukeln, weisse Transatlantikliner, Docks, Bassins, Türme, Kräne, Silos, Elevatoren, qualmende Fabriken, Lastträger, Barken, Lagerhäuser, Werften, Fässer, Kisten, Bottiche, Pakete, Schornsteine, Masten, Takelwerk, Züge, Rauch, Chaos, Heulen, Läuten, Pochen, Keuchen, aufgerissene Schiffsbäuche, Gestank nach Pferden, Schweiss, Urin, Wasser und den Abfällen aller Erdteile: und wenn ich noch eine halbe Stunde Wörter anhäufte, so würde ich doch nicht die Anzahl, die Wirrnis und den Umfang dessen erreichen, was man Liverpool nennt. Schön ist ein Dampfer, wenn er heulend mit seiner hohen Brust, aus seinen dicken Schloten Rauch hervorstossend, das Wasser zerteilt; schön ist es, wenn er sich hinter den gewölbten Schultern der Wasser verliert, einen Rauchschleier hinter sich herschleppend; schön ist die Ferne und das Ziel, o Mensch, der du am Bug stehend davonfährst. Schön ist ein Segelschiff, das über die Wellen gleitet; schön ist es, fortzufahren und anzukommen. Vaterland, da du kein Meer hast, ist dein Horizont nicht zu eng, und fehlt dir nicht das Rauschen der Ferne? Ja, ja, aber es können brausende Weiten um unsere Köpfe sein; kann man nicht zur See fahren, so kann man wenigstens denken, mit den Schwingen des Geistes die weite und hohe Welt durchfurchen; ich sage, noch gibt es genug Platz für Expeditionen und grosse Schiffe. Ja, es ist nötig, immerzu in See zu stechen. Meer ist überall, wo Mut ist.

Doch dreh keineswegs um, Steuermann, ich bitte dich; noch segeln wir nicht heim. Lass uns noch eine Weile hier auf der Liverpooler Reede bleiben und alles ansehen, ehe wir zurückkehren; es ist gewaltig, schmutzig und lärmend. Wo ist denn eigentlich das echte England: dort in den stillen und reinen Cottages zwischen den schrecklich alten Bäumen und Traditionen, in den Heimen vollkommener, friedlicher und feiner Menschen oder hier, auf diesen trüben Wellen, in den hämmernden Docks, in Manchester, in Poplar, auf der Glasgower Broomielaw? Gut, ich gebe zu, dass ich das nicht verstehe; dort, in jenem England, ist es fast allzu vollkommen und schön; und hier, hier ist es allzu …

Gut, das verstehe ich nicht; als wäre es überhaupt nicht ein Land und ein Volk. So sei es denn, stechen wir also in See; mag mich das Meer bespritzen, mag mich der Wind peitschen; ich glaube, ich habe zuviel gesehen.

Aber noch einmal müssen wir stehenbleiben; wir müssen nur schauen, wo es eigentlich ist, das heitere, alte England. Das alte England, das ist, sagen wir, Stratford, das ist Chester, Exeter und ich weiss nicht, was noch. Stratford, Stratford, halt, war ich dort? Nein, war ich nicht; so habe ich das Geburtshaus Shakespeares nicht gesehen, abgesehen davon, dass es von Grund auf umgebaut worden ist und dass ausserdem vielleicht gar kein Shakespeare existiert hat. Dafür aber war ich in Salisbury, wo der ganz zweifelsfreie Massinger gewirkt hat, und im Londoner Temple, wo sich der verbürgte Dikkens aufgehalten hat, und in Grasmere, wo der historisch nachgewiesene Wordsworth gelebt hat, und in vielen anderen dokumentarisch unbestreitbaren Geburtsorten

und Wirkungsstätten. Gut, ich fand hier und dort jenes alte England, das von der Aussenseite her aus schwarzen Balken und Schnitzwerk besteht, infolgedessen es hübsch schwarzweiss gestreift ist. Ungern möchte ich allzu gewagte Hypothesen aufstellen; aber mir scheint, dass die schwarzen und weissen Streifen an den Ärmeln der englischen Schutzleute ihren Ursprung gerade in dem gestreiften Stil altenglischer Häuser haben, wie unser Bildchen zeigt.

England ist nämlich ein Land historischer Traditionen; und alles, was ist, hat irgendeine Ursache, wie, glaube ich, John Locke lehrt. In einigen Städten, wie zum Beispiel in Chester, tragen die Schutzleute weisse Mäntel wie Chirurgen oder Friseure: möglich, dass dies eine Tradition aus der Römerzeit ist. Ausserdem gefiel sich das alte England in allerlei vorspringenden Stockwerken und Giebeln, so dass ein solches Haus nach oben zu immer breiter ist, zu alledem pflegen auch die Fenster wie halbausgezogene Schubladen herausgestreckt zu werden, so dass ein solches Haus mit seinen Stockwerken, Erkern, Vorsprüngen und Nischen wie ein grosses, zerlegbares Spielzeug aussieht oder wie ein alter Schubladensekretär, den man vielleicht zur Nachtzeit zuschiebt und absperrt und fertig. In Chester haben sie ausserdem noch etwas, was man *rows* nennt. Das ist ein Laubengang, allerdings im ersten Stock, und von der Strasse her geht man über eine Treppe hin, die Läden sind dann unten und oben; das gibt es sonst nirgends auf der Welt. Und in Chester haben sie ausserdem eine Kathedrale aus rosa Stein, während in York die Kathedrale braun ist, in Salisbury hechtblau und in Exeter schwarz und grün. Beinahe alle englischen Kathedralen haben Pfeiler in der Art von Röhren, ein rechtwinkliges Presbyterium, grässliche Orgeln in der Mitte des Hauptschiffes und fächerartige Rippen am Gewölbe; was die Puritaner an ihnen nicht verdorben haben, das hat der selige Wyatt mit seinen stilgetreuen Renovierungen fertiggebracht. Die Kathedrale in Salisbury zum Beispiel ist etwas so hoffnungslos Vollkommenes, dass einem bange wird: So läuft man denn dreimal um die Stadt Salisbury herum wie Achilles um die Stadt Troja, und wenn man feststellt, dass man immer noch zwei Stunden bis zur Abfahrt des Zuges hat, setzt man sich auf das einzige Bänkchen in der Stadt zwischen drei einbeinige Greise und schaut zu, wie ein örtlicher Schutzmann die Backen aufbläst, um ein Baby im Kinderwagen zum Lachen zu bringen. Im ganzen genommen gibt es nichts Schrecklicheres, als wenn es in einer kleinen Stadt regnet.

In Salisbury sind sogar die Hauswände mit Dachziegeln gedeckt; ich habe sie gezeichnet, um dem Dachdecker, dem vielleicht dieser Brief in die Hände gerät, eine Freude zu machen. In den nördlichen Grafschaften baute man die Häuschen aus hübschen grauen Steinen; das ist die Ursache, weshalb in London fast alle Häuser aus hässlichen grauen Ziegeln erbaut sind. In Berkshire und Hampshire baute man durchweg aus paprikaroten Ziegeln; deshalb sind auch in London Strassen aus roten Ziegeln, als hätte sie der Todesengel mit Blut bestrichen. In Bristol stellte ein Baumeister Tausende von Fenstern

Schornsteine

mit sonderbaren, ein wenig maurischen Bögen her, und in Tavistock haben alle Häuschen das Portal des Gefängnisses von Princetown. Ich befürchte, dass ich hiermit die architektonische Mannigfaltigkeit Englands erschöpft habe.

Das Allerschönste an England sind jedoch die Bäume, die Herden und die Menschen; und dann noch die

Schiffe. Das alte England, das sind ausserdem die rosigen alten Gentlemen, die im Frühling einen grauen Zylinder tragen und im Sommer auf den Golfplätzen kleinen Bällen nachlaufen und so frisch und lieb aussehen, dass ich mit ihnen spielen möchte, wenn ich acht Jahre alt wäre; und die alten Ladys, die fortwährend ein Strickzeug in den Händen haben und rosig, schön und freundlich sind, die heisses Wasser trinken und einem nie von ihren Krankheiten erzählen.

Im ganzen genommen hat ein Land, das die schönste Kindheit und das rüstigste Alter hervorbringen konnte, sicher etwas vom Besten in diesem Tränental.

Der Wanderer beachtet die Menschen

In England möchte ich eine Kuh sein oder ein Kind; so aber, als erwachsener und bärtiger Mann, sah ich mir die Menschen dieses Landes an. Nun, es ist nicht wahr, dass die Engländer durchweg karierte Anzüge tragen, eine Pfeife oder einen Backenbart; was letzteres betrifft, so ist der einzige echte Engländer Dr. Bouček in Prag. Jeder Engländer trägt einen Gummimantel oder einen Regenschirm, eine flache Mütze und in der Hand eine Zeitung; ist es eine Engländerin, so trägt sie einen Gummimantel oder einen Tennisschläger. Die Natur hat hier eine Neigung zu aussergewöhnlicher Zottigkeit, Bewachsenheit,

Struppigkeit, Wolligkeit, Borstigkeit und Haaren aller Art; so haben zum Beispiel die englischen Pferde an den Beinen ganze Bündel und Quasten von Zotten, und die

englischen Hunde sind nichts anderes als lächerliche Haarbüschel. Nur der englische Rasen und der englische Gentleman werden täglich rasiert.

Was ein englischer Gentleman ist, lässt sich nicht mit knappen Worten sagen; Sie müssten zumindest einen englischen Klubkellner kennen oder einen Kassierer auf dem Bahnhof oder sogar einen Schutzmann. Ein Gentleman, das ist eine massvolle Verbindung von Schweigen, Gefälligkeit, Würde, Sport, Zeitung und Ehrbarkeit. Zwei Stunden macht Sie Ihr Gegenüber im Zug dadurch wütend, dass er Sie keines Blickes würdigt; auf einmal steht er auf und reicht Ihnen Ihren Koffer, zu dem Sie nicht recht hinlangen können. Hier verstehen es die Menschen immer, sich gegenseitig zu helfen, aber niemals haben sie einander etwas zu sagen, höchstens mal was über das Wetter. Vielleicht haben die Engländer darum alle Spiele erfunden, weil beim Spielen nicht geredet wird. Ihre Schweigsamkeit ist solcher Art, dass sie nicht einmal öffentlich auf die Regierung schimpfen, auf den Zug oder die Steuern; es ist im ganzen genommen ein freudloses und verschlossenes Volk. Anstatt der Wirtshäuser, wo man sitzt, trinkt und redet, haben sie die Bars erfunden, wo man steht, trinkt und schweigt. Gesprächigere Menschen wenden sich der Politik zu, wie Lloyd George, oder der Schriftstellerei; ein englisches Buch muss nämlich wenigstens vierhundert Seiten haben.

Vielleicht geschieht es aus lauter Schweigsamkeit, dass die Engländer die Hälfte eines jeden Wortes verschlukken und die andere Hälfte irgendwie zusammenquetschen; so ist es schwer, sich mit ihnen zu verständigen. Täglich fuhr ich bis zur Haltestelle Ladbroke Grove; kommt der Schaffner, und ich sage: »Ledbrruk Grröv.« – »...?? Eh?« – »Ledbhuk Ghöv!« – »...??? Eh?« – »Hevhuv Hev!« – »Ah, Hevhuv Hov«, freut sich der Schaffner und gibt mir einen Fahrschein nach Ladbroke Grove. Mein Lebtag werde ich das nicht lernen.

Aber wenn Sie sie näher kennenlernen, so sind sie sehr lieb und fein; nie sprechen sie viel, weil sie niemals von sich selbst reden. Sie unterhalten sich wie Kinder, aber mit dem ernstesten Juchtengesicht; sie haben eine Menge eingefleischter Etikette, aber dabei sind sie ungezwungen wie junge Hunde. Sie sind hart wie aus Kieselstein, unfähig, sich anzupassen, konservativ, loyal, etwas scheu und niemals mitteilsam; sie können nicht aus ihrer Haut heraus, aber die Haut ist solid und in jeder Hinsicht vorzüglich. Du kannst mit ihnen nicht reden, ohne dass sie dich zum Mittag- oder Abendessen einladen; sie sind gastfreundlich wie der heilige Julian, aber sie können niemals die Distanz vom Menschen zum Menschen überwinden. Es ist dir mitunter bange, wie vereinsamt du dich inmitten dieser liebenswürdigen und gefälligen Menschen fühlst; aber wenn du ein ganz kleiner Junge wärst, wüsstest du, dass du ihnen mehr vertrauen kannst als dir selbst, und du wärest hier frei und geehrt wie nirgends auf der Welt; ein Schutzmann würde die Backen aufblasen, um dich zum Lachen zu bringen, ein alter Herr würde mit dir Ball spielen, und eine weisshaarige

Lady würde ihren vierhundertseitigen Roman weglegen, um dich mit ihren graublauen und noch immer jungen Augen nett anzuschauen.

Einige Gesichter

Aber ich habe noch einige Gesichter da, die ich anbringen und beschreiben muss.

Das ist Herr *Seton-Watson* oder Scotus Viator; Sie kennen ihn alle, denn er kämpfte für uns wie der Erzengel Gabriel. Er hat ein Haus auf der Insel Skye, schreibt eine Geschichte der Serben und spielt abends auf dem Pianola beim Kamin, in dem Torf brennt; er hat eine schöne, hochgewachsene Frau, zwei wasserdichte Jungen und ein blauäugiges Baby, Fenster zum Meer und zu den Inseln, einen kindlichen Mund und Zimmer voller Ahnen und Bilder aus Böhmen; ein feiner und zaghafter Mensch mit einem viel subtileren Gesicht, als man es bei diesem strengen und gerechten schottischen Pilger erwarten würde.

Das ist Herr *Nigel Playfair,* der Theatermann; das ist jener Herr, der meine Stücke nach England gebracht hat, aber er macht auch bessere Dinge, ist die verkörperte Ruhe, Künstler, Unternehmer und einer der wenigen wirklich modernen Regisseure in England.

Das ist Herr *John Galsworthy,* einmal als Dramatiker und das zweite Mal als Romanschriftsteller, denn, das sage ich, man muss ihn von beiden Seiten kennen. Er ist ein sehr stiller, feiner und vollkommener Mann mit dem Gesicht eines Priesters oder eines Richters, zart und sehnig, aus Takt, Zurückhaltung und nachdenklicher Scheu gemacht, unendlich ernst, nur um die Augen lächelt etwas bei ihm mit freundlichen, sorgsam gestalteten Runzeln; er hat eine Frau, die ihm sehr ähnlich ist, und seine Bücher sind die vollkommenen und weisen Werke eines empfindsamen und etwas traurigen Beobachters.

Das ist Herr *G. K. Chesterton;* ich habe ihn fliegend gezeichnet, einerseits deshalb, weil ich von ihm nur einen flüchtigen Eindruck hatte, und dann seiner para-

diesischen Jugendfrische wegen. Leider war er in dem Augenblick wohl ein wenig durch die etwas offizielle Situation bedrückt; er konnte nur lächeln, aber sein Lächeln genügt für drei. Wenn ich über seine Bücher schreiben könnte, über seine poetische Demokratie, über seinen genialen Optimismus, so wäre dies der heiterste von meinen Briefen; aber weil ich mir in den Kopf gesetzt habe, nur über das zu schreiben, was ich mit eigenen Augen sah, so beschreibe ich Ihnen einen umfangreicheren Herrn, dessen räumliche Form an Viktor Dyk erinnert, er hat einen Musketiersschnurrbart und scheue, kluge Augen hinterm Zwicker und verlegene Hände, wie dicke Menschen sie zu haben pflegen, und eine flatternde Krawatte; er ist zugleich ein Kind, ein Riese, ein lockiges Lamm und ein Auerochs; er hat einen grossen rotbraunen Kopf mit nachdenklichem und launenhaftem Ausdruck und rief auf den ersten Blick Schüchternheit und heftige Zuneigung in mir hervor; öfter habe ich ihn nicht gesehen.

Und das ist Herr *H. G. Wells,* einmal, wie er unter Menschen aussieht, und das zweite Mal, wie er daheim aussieht; ein massiger Kopf, kräftige, breite Schultern, kräftige und warme Hände; er sieht einem Landwirt ähnlich, einem arbeitenden Menschen, einem Vater und allem auf der Welt. Er hat die dünne und belegte

Stimme eines Menschen, der kein Redner ist, das Gesicht vom Denken und Arbeiten gezeichnet, ein harmonisches Haus, eine hübsche, zarte Frau, lebhaft wie ein Zeisig, zwei grosse verspielte Jungen und die Augen wie zugekniffen und verdeckt unter den starken englischen Augenbrauen. Einfach und vernünftig, gesund, stark, sehr informiert und sehr gewöhnlich in allem, was dieses Wort an Gutem und Vitalem in sich hat. Man vergisst, dass man mit einem grossen Schriftsteller redet, denn man spricht mit einem besonnenen und universalen Menschen. Bleiben Sie gesund, Mr. Wells.

Dies ist eine beinahe übernatürliche Person, Herr *Bernard Shaw;* ich konnte ihn nicht besser zeichnen, denn fortwährend bewegt er sich und redet. Er ist ungeheuer gross, mager und gerade, sieht halb wie der liebe Gott aus und halb wie ein sehr boshafter Satyr, der aber durch tausendjährige Sublimierung alles Allzunatürliche verloren hat. Er hat weisse Haare, einen weissen Bart und eine sehr rosige Hautfarbe, unmenschlich klare Augen,

eine starke und kämpferische Nase, etwas Ritterhaftes von Don Quichotte, etwas Apostelhaftes und etwas, was sich aus allem auf der Welt einen Spass macht, auch aus sich selbst; noch nie habe ich ein so ungewöhnliches Wesen gesehen; um die Wahrheit zu sagen, ich hatte Angst vor ihm. Ich dachte, es wäre irgendein Geist, der den berühmten Bernard Shaw nur spielt. Er ist Vegetarier, ich weiss nicht, ob aus Prinzip oder aus Feinschmeckerei; man weiss ja nie, ob die Menschen Prinzipien aus Prinzip haben oder zum persönlichen Vergnügen. Er hat eine umsichtige Frau, ein leises Spinett und Fenster auf die Themse; er sprüht von Leben und erzählt eine Menge interessanter Sachen über sich, über Strindberg, über Rodin und andere berühmte Dinge; ihm zuzuhören ist mit Grauen verbundene Wollust.

Ich sollte noch viele bemerkenswerte und schöne Köpfe zeichnen, denen ich begegnet bin; es waren Männer, Frauen und hübsche Mädchen, Literaten, Journalisten, Studenten, Inder, Gelehrte, *clubmen,* Amerikaner und alles, was es auf der Welt gibt; aber ich muss mich verabschieden, Freunde; ich will nicht glauben, dass ich euch zum letzten Mal gesehen habe.

Flucht

Zum Schluss verrate ich furchtbare Dinge; der englische Sonntag zum Beispiel ist schrecklich. Die Leute sagen, der Sonntag sei deshalb da, damit man in die Natur fahren könne; das ist nicht wahr; die Menschen fahren in die Natur, um sich in wilder Panik vor dem englischen Sonntag zu retten. Am Samstag überkommt jeden Briten der dunkle Drang, irgendwohin zu fliehen, so wie das Tier in dunklem Trieb vor dem nahenden Erdbeben flüchtet. Wer nicht entfliehen konnte, sucht wenigstens in der Kirche Zuflucht, um hier in Gebeten und Gesang den Tag des Grauens zu überdauern. Den Tag, an dem nicht gekocht, nicht gefahren, nicht geschaut und nicht gedacht wird. Ich weiss nicht, welcher unaussprechlichen Schuld wegen der Herr England zu der wöchentlichen Strafe des Sonntags verurteilt hat.

Es gibt zwei Arten englischer Küche: die gute und die durchschnittliche. Die gute englische Küche ist einfach französische Küche; die durchschnittliche Küche in einem durchschnittlichen Hotel für einen durchschnittlichen Engländer erklärt zum Grossteil die englische Düsterkeit und Schweigsamkeit. Niemand kann strahlen und trillern, während er ein mit einem teuflischen Senf bestrichenes *pressed beef* kaut. Niemand kann sich laut freuen, während er einen schwabbelnden Tapiokapudding von den Zähnen löst. Der Mensch wird furchtbar ernst, wenn er einen Lachs vorgesetzt bekommt, der mit rosiger Stärke begossen ist; und wenn er zum Frühstück, zum Mittagsmahl und zum Abendessen etwas hat, was bei Lebzeiten ein Fisch war und im melancholischen Zustand der Geniessbarkeit *fried sole* heisst, wenn er dreimal täglich seinen Magen mit schwarzem Tee gegerbt hat und wenn er ein sauertöpfisches warmes Bier getrunken, die Universalsaucen genossen hat, Konservengemüse, *custard* und *mutton,* nun, dann hat er wohl alle leiblichen Genüsse eines mittelmässigen Engländers erschöpft und beginnt dessen Verschlossenheit, Ernst und strenge Sitten zu begreifen. Demgegenüber sind Toast, gerösteter Käse und gebratener Speck gewiss ein Erbe des heiteren alten Englands. Ich bin überzeugt, dass sich der alte Shakespeare nicht mit Tee aus Gerberlohe vollgoss und der alte Dickens sich nicht bei einer Rindskonserve des Lebens freute; was den alten John Knox betrifft, so bin ich dessen nicht ganz so gewiss.

Der englischen Küche fehlt eine gewisse Leichtigkeit und Blumigkeit, Lebensfreude, Melodik und sündiges Ergötzen. Das, würde ich sagen, fehlt auch dem englischen Leben. Die englische Strasse ist nicht ergötzlich. Das gewöhnliche und durchschnittliche Leben ist nicht mit heiterem Lärm, Gerüchen und Spektakel bestreut. Der Alltag funkelt nicht von hübschen Zufällen, Lachen und Knospen von Ereignissen. Du kannst mit der Strasse, den Menschen und den Stimmen nicht eins werden. Nichts zwinkert dir freundlich und mitteilsam zu.

Die Liebespaare in den Parks lieben sich schwer, verbissen und wortlos. Die Trinker trinken in den Bars jeder für sich. Der Durchschnittsmensch fährt nach Hause und liest die Zeitung, ohne nach rechts oder links zu schauen. Daheim hat er einen Kamin, ein Gärtchen

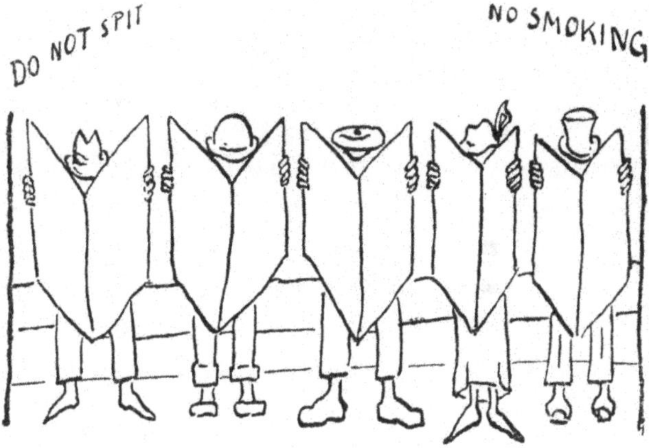

und das unantastbare Privatleben der Familie. Ausserdem pflegt er den Sport und das Weekend. Mehr konnte ich über sein Leben nicht ermitteln.

Der Kontinent ist lärmender, weniger diszipliniert, schmutziger, wütender, durchtriebener, leidenschaftlicher, geselliger, verliebter, genusssüchtig, übermütig, grob, redselig, ungebunden und etwas weniger vollkommen. Bitte, geben Sie mir eine Fahrkarte direkt auf den Kontinent.

Auf dem Schiff

Der Mensch am Ufer möchte auf dem Schiff sein, das davonfährt; der Mensch auf dem Schiff möchte am Ufer sein, das in der Ferne liegt. Als ich in England war, dachte ich immerzu an das, was daheim schön ist. Wenn ich zu Hause bin, werde ich vielleicht an das denken, was in England höher und besser ist als anderswo.

Ich habe die Grösse und die Macht gesehen, den Reichtum, Wohlstand und die unvergleichliche Gereiftheit. Nie war ich traurig, weil wir ein kleines und unfertiges Stückchen der Welt sind. Klein, unausgeglichen und unfertig zu sein ist eine gute und wackere Mission. Es gibt grosse und prächtige Transatlantikliner mit drei Schornsteinen, erster Klasse, mit Badezimmern und geputztem Messing; und es gibt kleine qualmende Dampferchen, die über das weite Meer rattern; es ist eine recht hübsche Courage, Leute, so ein kleines und unbequemes Fahrzeug zu sein. Und sagen Sie nicht, dass bei uns kleine Verhältnisse sind; das Weltall um uns ist, Gott sei Dank, ebenso gross wie das Weltall um das britische Imperium. Ein kleines Dampferchen fasst nicht ebensoviel wie so ein grosses Schiff; aber, haha, mein Herr, es kann genausoweit fahren oder anderswohin. Auf die Mannschaft kommt es an.

Noch saust mir alles im Kopf; eine Zeitlang scheint es, als ob man aus einer grossen Fabrik komme und betäubt sei von der Stille draussen, und eine Zeitlang wieder, als läuteten noch alle frommen Glocken Englands:

Aber schon mischen sich mir tschechische Wörter hinein, die ich in einer Weile hören werde. Wir sind ein kleines Volk, und deshalb wird mir jeder vorkommen, als würde ich ihn persönlich kennen. Der erste, den ich sehen werde, wird ein beleibter und lauter Mensch mit einer Virginia sein, ein Mensch, der irgendeine Unzufriedenheit kundtut, cholerisch, gereizt, redselig und mit dem Herzen auf dem Präsentierteller. Also, grüss Gott!, als ob wir uns kennen würden.

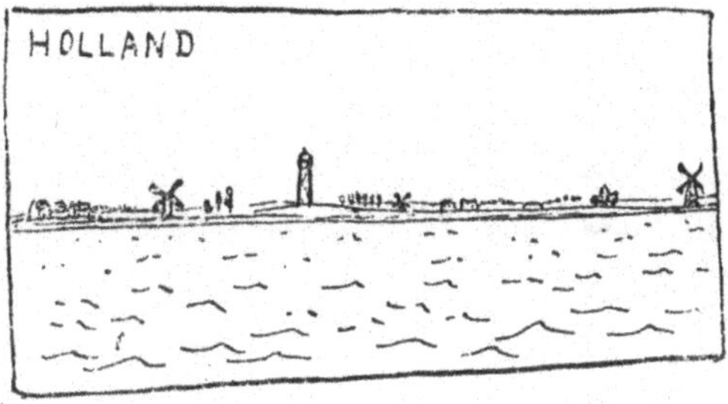

Die niedrigen Streifchen am Horizont, das ist schon Holland mit seinen Windmühlen, seinen Alleen und schwarzweissen Kühen; ein ebenes und schönes Land, volkstümlich, herzlich und bequem.

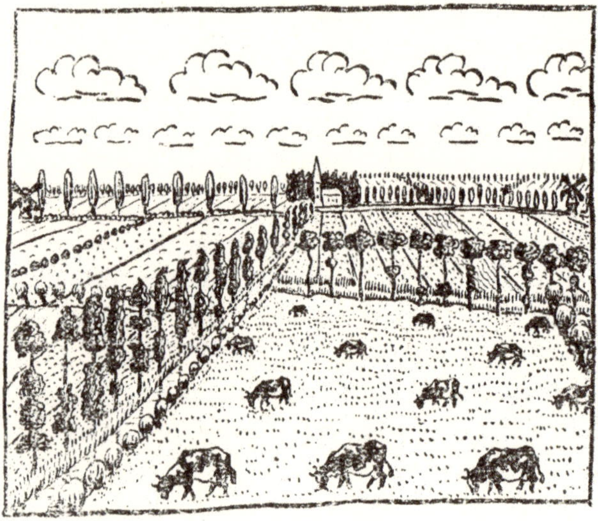

Ik zal nog eens terugkomen.

Das englische weisse Ufer ist inzwischen verschwunden; schade, ich habe vergessen, mich zu verabschieden. Aber wenn ich daheim bin, werde ich mir alles, was ich gesehen habe, wieder durch den Kopf gehen lassen, und wenn die Rede wovon auch immer sein wird, über Kindererziehung oder Verkehrswesen, über Literatur oder von der gegenseitigen Achtung der Menschen, von Pferden oder von Lehnstühlen, davon, wie die Menschen sind oder wie sie sein sollten, dann fange ich kennerisch an zu erzählen: »Ja, in England …«

Aber niemand wird mir mehr zuhören.

Ihr Engländer
Zu einer Rundfrage des *Daily Herald*

In meinen jüngeren Jahren kannte ich nur zwei Typen von Engländern: Der eine hiess John Bull, war dick und rot, trug Schaftstiefel und Reithosen und war gewöhnlich von einer Bulldogge begleitet; der zweite hiess Mr. Smith oder so ähnlich, war lang und knochig, trug karierte Anzüge und einen roten Backenbart und zeichnete sich dadurch aus, dass er bei jeder Gelegenheit die Füsse auf den Tisch legte. Beide kamen hauptsächlich in Karikaturen und Lustspielen vor.

Als ich später nach England kam, bemerkte ich zu meiner Enttäuschung, dass die Engländer in erdrückender Mehrheit weder karierte Anzüge noch Backenbärte trugen, noch die Beine auf den Tisch legten; dass sie (mit Ausnahme des Herrn G. B. Shaw) weder auffallend gross noch (mit Ausnahme des Herrn G. K. Chesterton) auffallend untersetzt sind. So verliert der Mensch die Illusionen seiner Jugend. Demgegenüber habe ich festgestellt, dass sich England fast in allem vom Kontinent unterscheidet, angefangen beim Gras und beim Efeu und endend mit der Universität oder dem Parlament. Ich könnte bis ins einzelne aufschreiben, wodurch sich Notting Hill von Sevilla unterscheidet; aber ich wäre in Verlegenheit, wenn ich angeben sollte, wodurch sich im allgemeinen und ausnahmslos die Bewohner des England genannten Sterns von den Bewohnern des Europa genannten Sterns unterscheiden. Bestimmt gibt es einen grossen Unterschied hinsichtlich der Gewohnheiten und des Lebensniveaus zwischen einem Durchschnittsbriten und, sagen wir, einem mazedonischen Hirten; aber ich glaube, beinahe ebenso auffällig ist der Unterschied zwischen einem Durchschnittsbriten aus dem Hause der Lords und einem Briten von der Hundeinsel. Ich bin mir nicht sicher, ob diese beiden Klassen von Briten die gleichen nationalen Qualitäten und die gleichen nationalen Fehler haben. Ich könnte eine Abhandlung über die Vorzüge der Engländer schreiben, soweit ich sie im Athenaeum Club beobachtet habe, oder über ihre unangenehmen Seiten, soweit ich sie als Touristen in Italien beobachtet habe; ich bin mir aber dessen bewusst, dass weder das Athenaeum noch ganz Italien mit Sizilien und der Riviera dazu schon das ganze England sind.

Mir kam die schmeichelhafte Einladung zu, den Engländern offen ins Gesicht und frei von der Leber weg alles zu sagen, was man ihnen und ihrem Land vorwerfen kann. Nun, ich habe in meinem Gedächtnis einige dunkle Erfahrungen gefunden, wie den englischen Sonntag, die englische Küche, die englische Aussprache und einige andere ganz und gar englische Gewohnheiten; aber ich sage mir, wenn sich die Engländer in solchen und ähnlichen Dingen wohl fühlen, was geht das uns andere Völker an? Warum soll ich ihnen die schreckliche Gewohnheit austreiben, Tapiokapudding zu essen oder den englischen Adel zu ehren? Ich habe eine besondere Sympathie für alle möglichen Volksbräuche, ob es nun die Bräuche der Fidschiinsulaner oder die der Inselbewohner von Grossbritannien sind. Es würde mich freuen, wenn die schottischen Bankiers in Kilts und mit nackten Knien, Dudelsack spielend, herumgingen oder wenn die Briten im Savoy Hotel statt Foxtrott einen Schwertertanz tanzen würden. Ich bin geneigt, alle nationalen Eigenheiten für eine positive Bereicherung dieser Welt zu halten. Ich schätze England besonders deshalb, weil es so viele seiner Bräuche erhalten konnte; ich glaube, hierzu war ausser einem gewissen Nationalstolz auch ein bedeutender Sinn für Humor nötig. Im ganzen sind die Eingeborenen der Britischen Inseln in den Augen der Fremden malerischer, als sie vielleicht selbst wissen. Selten ist ein Volk so sympathisch wie die Engländer – unter einer Bedingung: dass Sie nach ihrem England fahren, um sie anzusehen. Dort gewinnen Sie ihre Sitten lieb, ihre zurückhaltende Gefälligkeit, ihre Förmlichkeit und Schlichtheit und hundert andere Seiten ihres britischen Lebens. Nur ein Inselvolk konnte so viele charakteristische und beständige Eigenschaften entwickeln. Der grösste Vorzug der Briten ist ihr Insulanertum. Aber ihr Insulanertum ist auch ihr grösster Fehler.

Solange die Engländer Insulaner in England sind, ist das ihre Sache; etwas ärger ist es, dass sie Insulaner sind, wo auch immer auf der Welt sie sich befinden. Ich sah britische Inseln und Inselchen in Frankreich und in Spanien, in Italien und bei uns. Dieses Volk von Seefahrern, Reisenden und Kolonisten kann nicht aus England heraustreten; es führt sein Land mit, ob es nun zum Äquator fährt oder zum Nordpol. Nie kann es sich anderen Völkern und deren Leben nähern. Es ist insoweit kosmopolitisch, als es in diesem Kosmos englischsprechende Kellner gibt, englische *golf courses,* englisches Frühstück und womöglich englische Gesellschaft. Es hält sich beinahe ängstlich abseits, wenn es inmitten eines anderen Volkes lebt; beguckt zwar dessen Bilder und die Architektur und klettert auf dessen höchste Berge, beteiligt sich aber nicht an dessen Leben, akzeptiert dessen Freuden nicht und kann sich nicht mit ihm auf *dessen* Boden treffen. In England kann auch der Fremde begreifen, dass in diesem psychologischen Insulanertum die solide Gewohnheit steckt, sich nicht aufzudrängen, und eine gewisse Scheu; aber in der Fremde beginnen diese typisch britischen Eigenheiten leicht dem Hochmut zu ähneln, dem Misstrauen und egoistischer Verschlossenheit.

Nun, und wäre dem auch so, so wäre es doch eine reine Privatsache der Engländer allein; es hört aber auf, eine private Angelegenheit zu sein, wenn fremden Völkern auch die britische internationale Politik ähnlich vorkommt. Die Völker dieses Planeten können sehr oft die britische Politik als loyal schätzen, ehrenhaft, ja sogar voll guten Willens; aber selten werden sie den Eindruck los, als fehle ihr etwas: Dieses Etwas könnte man als Sympathie bezeichnen. Die britische Politik ist Weltpolitik, weil das britische Reich ein Weltreich ist, aber nicht deshalb, weil die britische Mentalität eine Weltmentalität ist. Die britische Politik erkennt gewisse Ideale an, weil das britische Moralgesetz sie dazu führt, aber nicht deshalb, weil ein allgemeinmenschliches Moralgesetz sie hiezu führte. Manchmal reicht uns anderen England die hilfreiche Hand als britischer Gentleman; es tut das aber nicht als Nächster. Ich habe beobachtet, dass die Engländer einen schönen Sinn für Freundschaft haben; es scheint aber, dass sie nur untereinander Freunde sind. Es ist äusserst leicht, sie zu lieben, solange wir in England leben oder englische Bücher lesen, das heisst, solange wir physisch oder geistig auf britischem Boden stehen; aber es fällt etwas schwerer, sich mit ihnen zu befreunden, sobald wir auf dem Standpunkt irgendeines anderen Volkes dieses Planeten stehen: schon deshalb, weil sie selbst, wie es scheint, keinen Wert darauf legen. Urteilt selbst, ob dies euer Fehler ist; möglich auch, es ist – wenigstens vom britischen Standpunkt aus – euer nationaler Vorzug.

Rede im britischen Rundfunk

Meine werten britischen Hörer,
obgleich ich diese Rede nicht selbst sprechen werde, so fühle ich doch, während ich sie schreibe, gewisse Bedenken vor Ihnen. Mir scheint, es wäre nicht anständig, irgend etwas gegen Sie zu sagen, weil Sie sich nicht verteidigen können; Sie können mir nicht ins Wort fallen und protestieren, dass ich nicht recht habe. Stimmt, Sie könnten mich ausschalten oder gegebenenfalls einen Hammer packen und Ihren Empfänger zerschlagen; dennoch würden irgendwelche Wellen (oder was das ist) das All durchlaufen und falsche Erkenntnisse über die Inselbewohner Grossbritanniens verbreiten. Ausserdem bin ich Ausländer und war nur einmal in England; deshalb bitte ich, betrachten Sie mich nicht als Kenner, der mehr über England weiss als die anderen, sondern betrachten Sie mich eben als Fremden, der sich in England über Dinge gewundert hat, über die Sie sich nicht wundern.

Ich habe gesagt, dass ich nur einmal in England war. Das stimmt nicht ganz. Jeder, der englische Literatur liest, betritt das wirklichste und englischste England. Soweit ich es verstehe, ist die englische Literatur noch englischer als die englische Kirche oder die englische Politik; ich möchte sagen, dass Ihre Bücher so absolut englisch sind wie die englische Landschaft oder die englische Familie. Mehr braucht zum Lob Ihrer Literatur nicht gesagt zu werden.

Es scheint, dass die Insulaner Grossbritanniens lange in einem sonderbaren Irrtum lebten und noch immer leben. Sie bereisen die ganze Welt und nehmen an, dass das Flussgebiet des Niger oder des Amazonas romantischer und pittoresker sei als zum Beispiel die Umgebung des Flüsschens Cam. Es passierte mir in London, dass ich einem Gentleman vorgestellt wurde. »How do you do«, sagte er freundlich, »waren Sie in China?« Damals versuchte ich nicht, ihm zu erklären, dass ich an China gar nicht denke, weil ich gerade England entdeckte, und dass meiner Meinung nach England eine ebenso exotische Gegend sei wie China. Es ist nicht unmöglich, dass jener Gentleman in diesem Augenblick meine Rede hört; ich möchte ihm gern sagen, dass ich seit der Zeit zwar nicht in China war, aber in einigen anderen interessanten Ländern und dass keines von ihnen so sonderbar und überraschend für mich war wie das Grosse Nationale Reservat der Angelsachsen und Kaledonier, das ich damals durchwanderte. Kein Land hat seine ursprüngliche Natur und seine Stammessitten mehr bewahrt als England. Ich traf reisende Engländer zum Beispiel in Sevilla, in Girgenti oder in Perugia; wo immer sie sind, führen sie in ihren Gewohnheiten und Ansichten ein Stück England mit, so wie ein Beduine seinen Gebetsteppich mitführt, und sie sind nicht imstande, einen Schritt aus ihm hinauszutun. Ich hege einen gewissen Verdacht, dass das britische Reich auf diese Weise entstanden ist: dass ein x-beliebiger Brite an einem unbekannten Ufer stand und dort einen Golfplatz begründete, den englischen Sonntag, Handel, heisses Wasser und ein Häuschen mit einem Ziegelkamin. Überall, wo ein Engländer haltmacht, entsteht eine britische Insel. Die reisenden Engländer sind wandernde britische Inseln. Mitunter gilt das auch für die britische Politik, aber das ist, wie Mr. Kipling sagt, eine andere Geschichte.

Wenn ich einige Dinge aufzählen soll, die bei Ihnen dem Fremden als besonders englisch und infolgedessen ausserordentlich malerisch in die Augen fallen, so beginne ich gleich mit dem Boden, auf dem Sie gehen. Ich erinnere mich an die weisse Kreide von Dover und an die roten Felsen von Devon, an den rosigen Granit von Inverness, an das grüne Gestein des Lake District und an den blauen Schiefer von Nordwales oder an die schwarzen, braunen, rost- und mennigroten Ziegel, aus denen die alten Häuschen Ihrer alten Landschaft erbaut sind. Würde mir jemand sagen, England wäre nicht so bunt wie der Orient, dann riete ich ihm, sich den Boden Englands anzuschauen. Ich glaube, dass ein Volk, auf einem Boden geboren, der so in Farben schwelgt, nie infolge Mangels an Phantasie altern kann.

Der zweite grosse Eindruck, den der Wanderer in England erhält, ist der englische Rasen, denn der ist nicht nur so grün und dicht wie kein anderer Rasen auf der Welt, sondern man darf auch auf ihm gehen. Ich vermute, dass England das Land der Freiheit deshalb geworden ist, weil es dort erlaubt ist, den Rasen zu betreten. Vielleicht hatte auch deshalb England in der Geschichte so wenige Revolutionen, weil die Briten ihren Freiheitsinstinkt immer schon durch das blosse Gehen über die Wiesen stillen konnten. Ich halte es nicht für ausgeschlossen, dass Britannien die Wellen dadurch zu beherrschen begann, dass es in ihnen einen grossen Rasen sah, über den man wandern darf, wohin man will. Wie dem auch sei, für den Menschen vom Kontinent ist der englische Rasen eine grosse Erfahrung.

Der dritte gewaltige Eindruck sind die englischen Bäume. Sie sind nämlich aussergewöhnlich alt und gross, und der Wanderer erkennt an ihnen, dass alte Dinge wirklich lebendig sein können. Überall sind alte Bäume, aber in England gibt es fast nur alte Bäume. Ein Botaniker erklärte mir, dass ihre besondere Dichtbelaubtheit etwas mit dem englischen Klima zu tun habe, aber ich glaube, mehr noch hat sie mit der englischen Vorliebe für alte und ehrwürdige Dinge zu tun, wie es die Tradition, das Haus der Lords, die Oxforder Colleges sind und so weiter. Ich denke, solch ein Baum wächst in England von Anfang an deshalb, um einmal ein uralter und dichtbelaubter Baum zu werden, würdevoll wie eine Kathedrale; es kommt mir vor, als ob England jenes Land sei, wo auch die Menschen das Geheimnis entdeckt haben, schön und in Würde zu altern. Will der kontinentale Mensch jemanden oder etwas zärtlich anreden, so benützt er das Diminutiv oder bezeichnet die geliebten Dinge als »klein«; der Engländer aber nennt sie *»dear old«*. In England gibt es viele Dinge, die nicht deshalb hochgeschätzt werden, weil sie nützlich sind, sondern darum, weil sie alt sind. Ich würde sagen, dass die Engländer in einer tieferen und ausgedehnteren Zeit leben als weniger konservative Völker; in ihrem Präsens gibt es gleichsam Gegenwart wie Vergangenheit. Als ich zum erstenmal englische Juristen in Perücken sah (es war in Edinburgh), da begriff ich eines der Geheimnisse des englischen Traditionalismus, nämlich den Sinn für Humor. Es ist ein grösserer Spass, wenn jemand eine Perücke aus dem 18. Jahrhundert trägt, als wenn er eine gewöhnliche und unhistorische Glatze hat. In vielen Fällen scheint es, dass Ihre Fähigkeit, alte Traditionen zu bewahren, Ihrem guten Willen entspringt, keinen Spass zu verderben.

Nun, ich könnte – mit dem geologischen Aufbau und der Vegetation beginnend – in den Besonderheiten Englands fortfahren; ich könnte über die Stufen der Schöpfung emporsteigen zu höheren und höheren Wesen, zu den Kühen und Schafen, den Pferden und Hunden und zu der besonderen Stellung, deren sie sich in England erfreuen, bis ich zu den höchsten Regionen gelangte, in denen die Kinder, die Klubs, die Colleges, die Gentlemen, die Butler und die Londoner Schutzleute sind. Ich wage es, zu sagen, dass keine exotische Ethnographie einen grösseren Überfluss an sehenswürdigeren Erscheinungen hat als das normale englische Leben. Die Kriegstänze auf Zentralborneo sind um nichts interessanter als der englische Sport. Indische Fakire sind nicht phantastischer als die Redner von Hyde Park Corner. Das Familienleben Abrahams konnte nicht patriarchalischer sein als das englische Weekend. Geheimbünde afrikanischer Eingeborener sind nicht ritueller als englische Klubs. Wie Sie hören, rede ich nur von mehr oder minder öffentlichen Erscheinungen; es steht zu vermuten, dass es ausserdem noch eine ganze Menge englischer Gebräuche privateren Charakters gibt, die bisher kein hochgelehrter Professor sammelte und untersuchte.

Ich verweile bei den Besonderheiten der britischen Insulaner deshalb, um gerade das Insulanertum des englischen Charakters zu betonen. Es gibt Reisende, die England für ein Stück von Europa halten, und andere, die es als Insel ansehen; was mich anbetrifft, würde ich eher sagen, dass England eine Welt für sich ist. Wahrscheinlich nur aus Gründen der Sparsamkeit (denn das Weltall ist, wie uns Einstein und Eddington lehren, endlich) ist England nicht als selbständiger Planet erschaffen worden; aber es könnte ganz gut einer sein. Es könnte ein geheimnisvolles Land in einem unbekannten Meer sein, wohin nur zufällig ein vom Sturm verschlagener Seefahrer auf einem Schiffswrack gelangte. Wie Gulliver von seinen Reisen heimkehrend, würde er seinen kontinentalen Zuhörern ungefähr dies erzählen:

»Nachdem ich neun Tage und neun Nächte vom Seesturm getrieben worden war, sah ich eine hundert Fuss hohe Küste, weiss und glatt wie eine Hauswand oder eine Schanze. Als ich diesen Felsen erstieg, fand ich oben einen grossen Park. Es gibt dort keine Felder, weder Wälder noch Weinberge, man kennt dort weder Getreide noch Rüben wie bei uns, sondern nur Rasen und Bäume wie in einem Park. In diesem Park, England genannt, leben Menschen, im grossen und ganzen uns Europäern ähnlich; sie haben dort Häuschen mit hohen Schornsteinen, aber um diese Häuschen herum sind nicht wie bei uns Gitter oder Mauern, die fremden Menschen den Zutritt verwehren würden, sondern da ist nur eine Tafel, auf der ein mächtiges Zauberwort geschrieben steht.«

»Was für ein Wort?« würden die Zuhörer fragen.

»Das Wort *private*«, würde der Abenteurer fortfahren. »Dieses Wort hat in jenem Lande eine solche Zaubermacht, dass es Gitter und Wälle ersetzt. Dann stieg ich in einen Zug und fuhr in die Hauptstadt. Im Wagen sass mit mir ein Mann, aber der sah mich nicht an und fing kein Gespräch mit mir an und begann nicht mich auszufragen, wohin ich führe und was ich dort wolle.«

»Das ist doch nicht möglich«, würden die kontinentalen Zuhörer rufen. »War der Mann denn stumm?«

»Nein«, würde der Abenteurer sagen, »aber in jenem Lande haben die Menschen die Gewohnheit zu schweigen, und sie schliessen ungern Bekanntschaften. Doch als ich aus dem Zug steigen wollte, stand der Mann auf und half mir bei meinem Gepäck, ohne mich anzusprechen oder mich auch nur anzusehen.«

»Ein merkwürdiges Volk«, würden die Zuhörer meinen.

»Stimmt«, würde der Seefahrer sagen, »aber wenn ihr mich immerzu unterbrecht, werde ich nie fertig werden. Die Hauptstadt ist ihrer Ausdehnung nach die grösste Stadt der Welt; inmitten der Stadt ist ein grosser Rasen, Hyde Park genannt, und dort weiden Schafe wie auf dem

Land. Dort kann jeder, der möchte, sich hinstellen und predigen, welchen Glauben er will. Niemand verbietet es ihm, und niemand lacht über ihn. Es gibt viele Millionen Menschen dort, und keiner mischt sich dem anderen in seine Angelegenheiten. Ich sah zwei Betrunkene auf der Strasse raufen; ein Polizist stand dabei, aber er griff nicht ein und trieb sie nicht auseinander; er gab nur acht, dass ihr Kampf ehrlich war. Als ich die Sprache dieser Inselbewohner einigermassen erlernt hatte, bemerkte ich, dass sie gewöhnlich nicht sagen: ›Es regnet‹ oder ›Zwei und zwei ist vier‹, sondern ›Schätze, dass es regnet‹, ›Ich würde eher glauben, dass zwei mal zwei vier ist‹ und so ähnlich. Es ist so, als ob sie ständig und bewusst dem anderen die Freiheit liessen, anderer Ansicht zu sein. Ich bemerkte, dass es dort jedem freisteht, auf dem Rasen herumzulaufen.«

Da würden sich die kontinentalen Zuhörer nicht mehr länger zurückhalten und dem Abenteurer sagen: »Mr. Čapek, Sie sind ein grosser Lügner!«

Ich bin kein Lügner. Ich könnte fortfahren und tausendundeinen Unterschied zwischen dem englischen und dem kontinentalen Leben aufzählen, zwischen den Sitten, Gebräuchen, Gewohnheiten und Manieren bei uns und bei Ihnen, aber ich bin mir bewusst, dass ich damit das, was an England das Charakteristischste ist, nicht ergründen würde. England nämlich ist das Land der Widersprüche. Es ist das schönste und zugleich das hässlichste aller Länder, die ich je gesehen habe. Es brachte den ärgsten modernen Industrialismus zur Entwicklung und bewahrte dabei das ursprünglichste bukolische Leben. Es ist das demokratischste aller Völker und hält dabei die ältesten Überreste der Aristokratie in Ehren. Es ist gleichzeitig puritanisch ernst und kindisch heiter. Es hat die meiste Toleranz in sich und gleichzeitig die meisten Vorurteile. Es ist von allen Staaten am meisten Weltstaat, aber dabei am wenigsten von örtlichen und provinziellen Gefühlen und Interessen losgelöst. Seine Bewohner sind aussergewöhnlich scheu und gleichzeitig aussergewöhnlich selbstbewusst. Sie vereinigen in sich das Maximum an persönlicher Freiheit mit dem Maximum an Loyalität. Das englische Leben ist aus nüchternem Common sense und dem Irrationalismus von Alicens Wunderland gewoben. Und so weiter. England ist das Land der Paradoxe; deshalb bleibt es ein geheimnisvolles Land.

Aber es ist Zeit, dass ich zum Kern der Sache komme. Dieses England, dieses alte, paradoxe, partikularistische, insularische, englische England, kurz dieses Ihr Grossbritannien, ist nicht das ganze England. Überall in der Welt, wo Sie ein Parlament sehen, sehen Sie ein Stück England; denn England hat den Parlamentarismus geboren. Überall, wo Sie politische Demokratie antreffen, finden Sie ein Stück englisches geistiges Territorium; denn England hat als erstes Land in unserer Welt die Ideale der Demokratie aufgestellt. Und überall auf diesem Planeten, wo die Ideale persönlicher Freiheit und Würde gelten, Toleranz, Achtung vor der Individualität und der Unantastbarkeit der Menschenrechte, dort ist Englands kulturelles Erbe, und Sie betrachten nicht fremde

Länder, sondern das Grössere England, das die Heimat der Mehrzahl zivilisierter Menschen ist. Wohlan, jeder Kampf um die Bewahrung der Demokratie ist zugleich ein Kampf um dieses Grössere England, um dieses geistige Reich, das weit über die Grenzen Grossbritanniens hinausreicht. Dieser Kampf oder, friedlicher gesprochen, diese Entwicklung der Welt wird über das Schicksal gewisser Prinzipien und Werte und Ideale entscheiden, in denen sich der Geist Englands offenbart; heute geht es tatsächlich um ihre Bewahrung oder ihren Untergang. Ich würde sagen, dass die englische Küste überall dort beginnt, wo die Werte der Freiheit in Kraft sind. In dieser Welt gibt es viele Dovers, Sie müssen sie aber auf der moralischen Weltkarte suchen.

Ich hoffe, dass ich mit dieser Betrachtung das mir gestellte Thema nicht überschritten habe. Wenn Sie die Geduld haben, zuzuhören, wie ein fremder Wanderer England sieht, so vergönnen Sie ihm, dass er dabei auch an das breitere Gebiet denke, das ebenfalls von England geformt worden ist, an jenen Geist des Westens, der ohne England nicht geboren worden wäre. Ich mag England seiner Eigenartigkeit wie seiner Universalität wegen. Einmal stellte mir jemand die Frage, welches Land mir am besten gefalle. Ich sagte ihm: »Die beste Landschaft, die ich gesehen habe, ist in Italien, das beste Leben, das ich beobachtet habe, in Frankreich, die besten Menschen, die ich traf, in England; aber leben kann ich nur in meinem Land.« Nun, nur wenige von Ihnen kennen dieses Land, in dem ich an Sie denke. Vor dreihundert Jahren liess Ihr Shakespeare die liebliche Perdita an der böhmischen Küste Schiffbruch erleiden. Das war zum Teil ein Irrtum, und zum Teil war es verfrüht. Wir haben kein Meeresufer, und erst in der gegenwärtigen Zeit können wir mit einem gewissen Recht sagen: »Auch wir sind Dover, und unsere Grenzen sind die Riffe des Westens.«

S. 9 *Meister Chauliac:* Léon Chauliac (Lebensdaten unbekannt). Französischer Maler, den Karel Čapek und sein Bruder Josef 1911 in Paris kennengelernt hatten.

S. 12 *ein guter tschechischer Schutzengel:* Otakar Vočadlo (1895–1974). Tschechischer Anglist, arbeitete in den 1920er Jahren an der Universität London. Verfasste eine Monographie zum vorliegenden Buch: *Anglické listy Karla Čapka* (Prag: Academia 1975).

S. 12 *Surbiton:* Vočadlo wohnte in der Adelaide Road in Surbiton, Čapek verbrachte die ersten Tage seines Aufenthalts bei ihm.

S. 17 *die armselige Strasse in Notting Hill:* Ladbroke Grove.

S. 32 *Königin Mab:* Queen Mab aus Shakespeares *Romeo and Juliet.*

S. 38 *Constable:* John Constable (1776–1837). Englischer Landschaftsmaler.

S. 41 *König Alfons:* Alfons III. (1886–1941). 1886/1902–1931 König von Spanien.

S. 41 *MacDonald:* Ramsay MacDonald (1866–1937). 1924 und 1929–1931 britischer Premierminister.

S. 41 *Fräulein Lenglen:* Suzanne Lenglen (1899–1938). Französische Tennisspielerin, sechsmaliger Champion in Wimbledon und Olympiasiegerin in Antwerpen 1920.

S. 42 *Louis Blériot:* französischer Luftfahrtpionier (1872–1936), überflog 1909 als erster Mensch den Ärmelkanal.

S. 42 *Guglielmo Marconi:* italienischer Radiopionier (1874–1937), Träger des Nobelpreises für Physik 1909.

S. 43 *Herbert Spencer:* englischer Philosoph und Soziologe (1820–1903).

S. 44 *Fr. Götz:* František Götz (1894–1974). Tschechischer Dramaturg und Literaturhistoriker.

S. 44 *Zákrejs:* František Zákrejs (1839–1907). Tschechischer Schriftsteller und Kritiker.

S. 44 *Šrámek:* Fráňa Šrámek (1877–1952). Tschechischer Dichter, Schriftsteller und Dramatiker.

S. 44 *Šmilovský:* Alois Vojtěch Šmilovský (1837–1883). Tschechischer Schriftsteller.

S. 44 *Professor Rádl:* Emanuel Rádl (1873–1942). Tschechischer Biologe und Philosoph.

S. 44 *Hattala:* Martin Hattala (1821–1903). Slowakischer Slawist.

S. 48 *British Empire Exhibition:* Kolonialausstellung in Wembley (1924/25).

S. 51 *Fliegender Schotte:* Flying Scotsman. Dampflokomotive, mit der der gleichnamige Zug zwischen London und Edinburgh bespannt wurde.

S. 55 *Úpice:* Kleinstadt in Nordböhmen, in der Čapek seine ersten Lebensjahre verbrachte.

S. 57 *Košíře:* Stadtteil von Prag.

S. 66 *Halbmond:* Half Moon. Einstiger Pub in der Little St Mary's Lane.

S. 67 *der alte Pitt:* William Pitt (1708–1778). 1766–1768 britischer Premierminister.

S. 68 *Wallensteinsaal:* im Wallensteinpalais (bzw. Palais Waldstein) in Prag.

S. 71 *lama asabtani:* »Und um die neunte Stunde schrie Jesus laut: Eli, Eli, lama asabtani? Das heisst: Mein Gott, mein Gott, warum hast du mich verlassen?« (Mt 27,46).

S. 73 *Beda der Ehrwürdige:* Beda Venerabilis (672/73–735). Benediktiner.

S. 73 *heiliger Cuthbert:* Cuthbert von Lindisfarne (um 634–687). Mönch und Bischof.

S. 77 *Mr. Bone:* James Bone (1872–1962). Britischer Journalist (1912–1945 London-Redakteur des *Manchester Guardian*) und Buchautor (u. a. *Edinburgh Revisited*. London: Sidgwick & Jackson 1911).

S. 80 *Robert Bruce:* Robert I. (1274–1329). 1306–1329 König der Schotten.

S. 81 *Karel Toman:* eigtl. Antonín Bernášek (1877–1946). Tschechischer Dichter, Journalist und Übersetzer.

S. 81 *Otokar Fischer:* tschechischer Dichter, Dramatiker und Literaturhistoriker (1883–1938).

S. 83 *Campbell:* Die Burg Finlarig war Sitz der Campbell of Glenorchy.

S. 86 *»Binnorie, o Binnorie«:* Refrain aus der alten schottischen Ballade *The Two Sisters.*

S. 88 *bog cotton:* Schmalblättriges Wollgras.

S. 91 *Hyperborea:* in der griechischen Antike ein sagenumwobenes Land im hohen Norden.

S. 91 *König Håkon:* Håkon IV. Håkonsson (1204–1263). 1217–1263 König von Norwegen.

S. 95 *»But I am Annie of Lochroyan«:* angelehnt an einen Vers aus der alten schottischen Ballade *The Lass of Roch Royal,* von der mehrere Textvarianten existieren, u. a. *Fair Annie of Lochroyan.*

S. 101 *Wordsworth:* William Wordsworth (1770–1850). Englischer Dichter der Romantik.

S. 105 *Charabanc:* Frühform eines Omnibusses ohne Verdeck.

S. 109 *»Ac efe a ddywedodd …«:* »Ausserdem sagte Jesus zu der Volksmenge: Wenn ihr im Westen eine Wolke aufsteigen seht, sagt ihr sofort: Es gibt Regen. Und so geschieht es« (Lk 12,54).

S. 112 *Lloyd George:* David Lloyd George (1863–1945). 1916–1922 britischer Premierminister, der bisher einzige Waliser in diesem Amt.

S. 125 *der alte Drake:* Francis Drake (um 1540–1596). Englischer Kapitän und Freibeuter.

S. 125 *Kapitän Marryat:* Frederick Marryat (1792–1848). Englischer Marineoffizier und Schriftsteller.

S. 128 *Massinger:* Philip Massinger (1583–1640). Englischer Dramatiker.

S. 130 *Wyatt:* James Wyatt (1746–1813). Englischer Architekt.

S. 133 *Dr. Bouček:* Václav Bouček (1869–1940). Tschechischer Politiker und Rechtsanwalt, Experte für englisches Recht.

S. 135 *heiliger Julian:* Julianus Hospitator.

S. 137 *Seton-Watson:* Robert William Seton-Watson (1879–1951). Britischer Historiker und politischer Aktivist, der sich in Büchern und Artikeln insbesondere den Minderheitsvölkern in Österreich-Ungarn widmete, u. a. den Tschechen und den Slowaken.

S. 138 *Nigel Playfair:* englischer Theatermanager (1874–1934). Brachte Čapeks Stücke *Ze života hmyzu (The Insect Play)* und *R. U. R.* in London auf die Bühne.

S. 138 *John Galsworthy:* englischer Schriftsteller und Dramatiker (1867–1933), Träger des Nobelpreises für Literatur 1932.

S. 139 *Viktor Dyk:* tschechischer Autor und Politiker (1877–1931).

S. 144 *John Knox:* schottischer Reformator (um 1513–1572).

S. 151 *Daily Herald:* der Labour Party nahestehende britische Tageszeitung, die zwischen 1912 und 1964 erschien. Karel Čapeks Artikel »You English ..« wurde am 30. Juni 1931 abgedruckt.

S. 157 Die Rede wurde am 19. Februar 1934 um 19.30 Uhr unter dem Titel »The National Character –

Views from Abroad«, verlesen von R. A. Rendall, ausgestrahlt und am 28. Februar 1934 in der Programmzeitschrift *The Listener* abgedruckt.

S. 158 *Girgenti:* Agrigent.

S. 161 *in ihrem Präsens gibt es gleichsam Gegenwart wie Vergangenheit:* Anspielung auf die englischen Zeitformen Present Perfect und Present Perfect Continuous.

S. 162 *Eddington:* Arthur Stanley Eddington (1882–1944). Englischer Astrophysiker und Mathematiker.

S. 167 *Perdita:* Figur in Shakespeares *The Winter's Tale.*

Ein Teil der Anmerkungen stützt sich auf die umfangreichen »Explanatory Notes« der jüngsten englischen Übersetzung: *Letters from England.* Translated by Geoffrey Newsome. London, New York: Continuum 2004.

Editorische Notiz

Karel Čapek (1890–1938) bereiste England, Schottland und Wales im Jahr 1924: Am 28. Mai traf er in Folkestone ein, am 26. Juli verliess er Grossbritannien per Schiff. Die ersten seiner Reisenotizen von der Insel wurden ab dem 15. Juni, noch während seines Aufenthaltes, in der in Brünn erscheinenden Tageszeitung *Lidové noviny* veröffentlicht; im Oktober 1924 kamen die gesammelten Texte bei Aventinum in Prag unter dem Titel *Anglické listy [Englische Briefe]* als Buch heraus. Der Beitrag für den *Daily Herald* von 1931 sowie Karel Čapeks Rede in der BBC von 1934 wurden in spätere Ausgaben aufgenommen.

Eine englische Übersetzung wurde 1924 in Fortsetzung im *Manchester Guardian* abgedruckt und 1925 in Buchform publiziert (*Letters from England.* Translated by Paul Selver. London: Geoffrey Bles).

Vincy Schwarz besorgte die erste deutsche Übersetzung; sie erschien 1936 (und nochmals 1947) unter dem Titel *Seltsames England* bei Bruno Cassirer in Berlin, 1947 ausserdem bei Atrium in Zürich und bei Heidrich in Wien und schliesslich 1953 im Gebrüder Weiss Verlag [West-]Berlin und München. Der Aufbau-Verlag [Ost-] Berlin und Weimar brachte 1978 den Band *Reisebilder* heraus: eine Zusammenstellung von Auszügen aus Karel Čapeks *Anglické listy* sowie aus seinen Berichten von Reisen durch Italien, Spanien, die Niederlande und Skandinavien. Gustav Just (1921–2011), der einen grossen Kanon tschechischer und slowakischer Literatur ins Deutsche übertragen hat, fertigte hierfür eine Neuübersetzung an.

Für die vorliegende Ausgabe wurde Vincy Schwarz' Übersetzung behutsam stilistisch bearbeitet und dabei auch Čapeks charakteristische Interpunktion wiederhergestellt, Fehler wurden korrigiert und Auslassungen ergänzt. Neben einigen kleineren Kürzungen in verschiedenen Kapiteln betrifft dies vor allem den Text »Die grösste Mustermesse oder British Empire Exhibition«, der bei Schwarz gänzlich fehlt. Eine Art Selbstzensur, da es im Deutschland des Jahres 1936 wenig opportun schien, das grösste Kolonialreich der Welt derart herauszustreichen? Rolf Fieguth hat sich dankenswerterweise dieses Kapitels angenommen. Mithin liegt nun, fünfundneunzig Jahre nach der tschechischen Originalausgabe, erstmals eine vollständige deutsche Übersetzung vor.

Christoph Blum
Basel, im Januar 2019